Nações Literárias

Nações Literárias

WANDER MELO MIRANDA

Copyright © 2010 Wander Melo Miranda

Direitos reservados e protegidos pela Lei 9.610 de 19 de fevereiro de 1998.
É proibida a reprodução total ou parcial sem autorização, por escrito, da editora.

Dados Internacionais de Catalogação na Publicação (CIP)
(Câmara Brasileira do Livro, SP, Brasil)

Miranda, Wander Melo
    Nações Literárias / Wander Melo Miranda. –
Cotia, SP: Ateliê Editorial, 2010.

ISBN 978-85-7480-504-7

1. Ensaios literários I. Título.

10-06635   CDD-869.94

Índices para catálogo sistemático:
1. Ensaios: Literatura brasileira   869.94

Direitos reservados à
ATELIÊ EDITORIAL
Estrada da Aldeia de Carapicuíba, 897
06709-300 – Granja Viana – Cotia – SP
Telefax: (11) 4612-9666
www.atelie.com.br / atelie@atelie.com.br

2010

Printed in Brazil
Foi feito o depósito legal

Para Laise,
Ana Luísa, Ana Helena e João Aurélio.

Sumário

Nota   11

PARTE I

Nações Literárias   15

Heterogeneidade e Conciliação em Alencar   25

Imagens de Memória, Imagens de Nação   35

Sem Pátria   53

As Casas Assassinadas   67

Anatomia da Memória   77

Tons da Nação na MPB   87

PARTE II

Pós-Modernidade e Tradição Cultural   99

Fronteiras Literárias   111

Ficção Virtual   121

A Liberdade do Pastiche   131

A Memória de Borges   137

Memória: Modos de Usar   143

Ficção-Passaporte para o Século XXI   153

PARTE III

Local/Global   165
Não Mais, Ainda   175
A Forma Vazia: Cenas de Violência Urbana   183
Latino-Americanismos   195

Notas   203

Nota

Os textos aqui reunidos foram publicados originalmente em revistas e periódicos especializados ou apresentados em congressos e similares. Relendo-os para compor esta edição, ajustei-os aqui e ali, cortei repetições mais frequentes, procurei tornar claros pontos obscuros, sem intervir na sua intenção original. Ao fim de cada um deles, aparece a data da sua primeira versão. Não foram organizados da perspectiva cronológica de sua elaboração, mas de modo a formar um conjunto coeso, o que se percebe pela leitura na ordem em que são apresentados, embora possam ser lidos a partir de qualquer "entrada" que o leitor julgar adequada. Sou grato a Michel Gannam pelo cuidado com que leu os originais. Agradeço ao CNPq a bolsa de pesquisa que, ao longo dos últimos anos, permitiu manter a continuidade do trabalho de que este livro faz parte.

W. M. M.

Parte I

Nações Literárias

> *Não há símbolo mais impressionante da moderna cultura do nacionalismo do que os cenotáfios e os túmulos de Soldados Desconhecidos. A reverência pública outorgada a tais monumentos, precisamente porque estão deliberadamente vazios, ou ninguém sabe quem jaz dentro deles, não encontra precedentes em épocas passadas [...]. Por mais que esses túmulos estejam vazios de quaisquer restos mortais identificáveis, ou almas imortais, eles estão, porém, saturados de fantasmagóricas imaginações nacionais.*
>
> BENEDICT ANDERSON

A arguta observação de Benedict Anderson, ao estudar a afinidade da imaginação nacionalista com as modalidades religiosas de pensamento, oferece uma pista instigante para o encaminhamento da questão da historiografia literária que se propõe aqui esboçar. As histórias da literatura são como monumentos funerários erigidos pelo acúmulo e empilhamento de figuras cuja atuação histórico-artística, em ordem evolutiva, pretende retratar a face canônica de uma nação e dar a ela um espelho onde se mirar, embevecida ou orgulhosa de seu amor-próprio e pátrio. Carregam em geral esse caráter fantasmagórico que nem a solidez de pedra da letra impressa para sempre no papel consegue desfazer.

Uma vez legitimados no panteão das letras nacionais, muitos dos nomes que o compõem, senão todos, são "restos mortais" não mais identificáveis, enraizados que estão em significados perenes, "soldados desconhecidos" em virtude do serviço prestado em prol de um conceito de nação que, afinal, reduz e abole toda diferença. Nenhuma brecha, nenhuma rachadura na construção monolítica que deixe ver o vazio enquanto lugar das projeções imaginárias do nacionalismo patológico da moderna história do desenvolvimento ocidental. A demanda de uma totalidade sem fissuras que tal atitude busca responder ou alimentar é, como se sabe, herdeira da visão iluminista que a revolução burguesa não mediu esforços para ver afirmada no decorrer do século XIX e resiste, ainda hoje, em certos setores que se autodefinem, no que pese o paradoxo, de progressistas.

A concepção de história aí inerente é a de uma temporalidade linear e contínua, que evolui por etapas sucessivas, no interior de um sistema que vai integrando fatos e eventos até formar uma tradição discursiva que reflui maciçamente em direção ao referente. Uma história literária *progressista* seria, pois, aquela que, forjada pelo espectro do nacional e baseada na metáfora do crescimento orgânico, tenta fazer coincidir a série literária e a série social, tendo em vista um conceito de representação que trabalha com a "imediatidade" dos traços do *lugar* para compor e definir os valores constitutivos da sua identidade.

Dessa perspectiva e se esse lugar é, por exemplo, o Brasil, sua história literária se fará como progressivo processo de emancipação das formas oriundas da Metrópole. Aí onde se ordenam os parâmetros que, contraditoriamente, definem o sentido da história como realização da civilização, ou seja, da forma do homem europeu moderno. Assim é que a construção de uma identidade nacional brasileira aponta, sobretudo a partir do Romantismo, na direção do assujeitamento "esquizofrênico" ao imaginário europeu – Peri e Ceci no jogo ambíguo de afetos e valores –, através de um exercício de retórica (in)verossímil que conduz à marginalização dos "desafetos nacionais"[1] e, portanto, à sua deslegitimação. Fora de foco, fora da história – está traçado o não lugar dos deslegitimados que, entre algo chamado Brasil e a imagem idealizada de um país recém-emancipado politicamente no grito, teimam em tornar opaca a transparência que permita aos brasileiros verem e serem vistos.

Mas mostrar o país e fazê-lo visível para seus habitantes e artistas é, ainda no Romantismo e segundo Flora Süssekind, tarefa do viajante estrangeiro. Munido de pranchetas, lápis, pincéis e tinta, ele vai delineando uma paisagem cartográfica da nação, por onde passa a circular patrioticamente o narrador *da* ficção brasileira, tornado porta-voz de "certas quimeras genéticas (a árvore familiar, o 'amadurecimento' como processo contínuo, a nacionalidade como essência meta-histórica)"[2]. Ou então, no século XX, é tarefa dos modernistas da primeira hora, munidos da crença ou ilusão, pouco importa, de estarem mais avançados, mais próximos do projeto racional de melhoramento, educação e emancipação – "A massa ainda comerá do biscoito fino que fabrico", alardeia Oswald de Andrade, entre sério e cômico.

Nesse sentido, fazer uma nação e fazer uma literatura são processos simultâneos, no trajeto do "espírito do Ocidente, buscando uma nova morada nesta parte do mundo"[3], como quer Antonio Candido na *Formação da Literatura Brasileira*. O "espírito do Ocidente" acaba, entretanto, virando fantasma, sedutor por certo, embora responsável maior pelo dilema que em geral acompanha a cultura deste lado do Atlântico. Mário de Andrade, com a lucidez de sempre, assinala que a música brasileira e a americana vivem o drama de não terem tido um desenvolvimento "mais livre de preocupações quanto à sua afirmação nacional e social"[4], ao contrário da música europeia e da asiática, o que de certa forma nos mantém presos, acrescente-se, à ideia do caráter inautêntico e postiço da nossa vida cultural. Não é comum se dizer que a literatura daqui é um galho miúdo, pouco legítimo e meio torto de uma árvore que cresce no centro de um território alheio e inacessível?

Octavio Paz afirma que, apesar das tentativas empreendidas ao longo da história para nos mantermos no compasso ocidental, essa dança já perdemos há muito tempo, uma vez que somos e nos mantemos "um extremo do Ocidente – um extremo excêntrico, pobre e dissonante"[5]. A questão é, para o crítico-poeta, saber se, por mais rica e original que seja, a literatura hispano-americana é uma literatura moderna, já que carece de uma reflexão crítica, moral e filosófica mais consistente. Paz lamenta nunca termos tido "movimentos intelectuais originais" e vivermos "intelectualmente no passado". Antes de discutirmos tal posição, compare-se a mesma com a de Richard Morse, quando diz, na abertura de *O Espelho de Próspero*:

Resguardando-me, tanto quanto possível, do tom recriminatório que domina o "diálogo" norte-sul de ambos os lados, pretendo considerar as Américas do Sul não como vítima, paciente ou "problema", mas como uma imagem especular na qual a Anglo-América poderá reconhecer as suas *próprias* enfermidades e os seus "problemas".

Mais adiante, acrescenta: "Num momento em que a Anglo--América experimenta uma crise de autoconfiança, parece oportuno confrontar-lhe a experiência histórica da Ibero-América, não mais como estudo de um caso de desenvolvimento frustrado, mas como a vivência de uma opção cultural"[6].

A dúvida de Paz parece apaziguada pelo viés do descentramento temporal e espacial da literatura como "arte da conjugação", efetuada pela dinâmica sincrônica da "poética do agora". O universalismo da proposição permite ao crítico resolver, ou pelo menos colocar em suspenso, a questão da originalidade e do atraso, desfeita pela "voz da *Outridade*"[7] com que fala a linguagem poética que define nossa identidade. Conclui--se que somos sempre outros, pura diferença, imposta pela perpétua remissão a núcleos paradigmáticos estabelecidos por quem de poder.

A ideia de opção cultural com que Morse lê a Ibero-América contém, por sua vez, uma noção de processo civilizatório que, sem cair em extremos universalistas nem em nacionalismos redutores, articula vivências distintas e simultâneas da temporalidade histórica. Descarta ainda a óptica da explicação macroestrutural que delega ao poder um lugar único e fixo e desvela o ideal europeu ou anglo-americano de humanidade como um ideal *entre outros*, cuja pretensão de unificar todos os demais só se pode dar pela violência.

Como notou Benedict Anderson, na segunda metade do século XIX, senão antes, já havia um modelo de Estado nacional independente – mistura de elementos franceses e americanos – disponível para ser plagiado. A "nação" mostrou ser, desde logo, uma invenção impossível de ser patenteada, constituída que fora por padrões em relação aos quais não se permitiam desvios muito acentuados, embora suscitassem variadas e mesmo imprevistas apropriações. É o estilo dessas apropriações plagiárias, e não a oposição falso/autêntico, que irá distinguir o que chama de *nationess*[8].

A criação das nações americanas à imagem da utopia europeia do Novo Mundo participa desse processo plagiário, que irá perpassar o romance latino-americano no início de sua formação e o levará a se construir como correção ou complemento de uma história de acontecimentos não produtivos. Doris Sommer revela que a literatura do período assume a função político-ideológica de legitimar as nações emergentes após a independência, programando-lhes o futuro enquanto projeção de uma história ideal, concebida por meio do modelo do progresso e da prosperidade econômica europeia. No "irresistible romance"[9] de fundação ficcional da América Latina, a retórica erótica e sentimental desempenha um dos papéis principais: o romance familiar é tomado como modelo de homogeneização nacional, através da conciliação levada a cabo pela liderança liberal, que atua como ponte entre raças, regiões e grupos políticos antagônicos.

A apropriação "estilística" do modelo de nação que parece predominar entre nós segue essa lógica conjuntiva, que busca integrar, conciliando diferenças, mesmo quando baseada – mais um paradoxo – na relação mecanicista e rigidamente hierárquica entre modelo (hegemônico) e cópia (periférica) e na indefectível noção de dependência cultural que lhe serve de suporte. Se dermos um salto de mais de um século, veremos que essa lógica continua a render frutos, desta vez nos critérios que presidem o volume coletivo organizado com o intuito de oferecer um panorama da *América Latina em sua Literatura*, patrocinado pela Unesco no final da década de 1970. Na introdução, o organizador César Fernández Moreno aponta a diretriz central do trabalho:

> Considerar a América Latina como um todo, integrado pelas atuais formações políticas nacionais. Esta exigência levou os colaboradores do projeto

a sentir e expressar sua região como uma unidade cultural, o que veio a favorecer neles um processo de autoconsciência que o projeto pretende estimular, já que foram chamados exclusivamente intelectuais latino-americanos para participar dele[10].

O espírito conciliatório e o caráter pedagógico-humanista do enfoque pretendido, sem falar no contraditório e redutor exclusivismo na escolha dos participantes do projeto, dispensam comentários. Tal como proposta, a representação linguística, literária e política da América Latina delineia-se por meio de estratos de sentido valorativos, predeterminados por uma concepção totalizadora que se quer resguardada de nacionalismos estreitos, na tentativa de atingir um ponto de equilíbrio no eterno movimento da gangorra entre o universal e o particular. Fica de fora, no caso, a articulação crítica diferencial das literaturas latino-americanas e destas com outras literaturas, no sentido de uma relação ou comércio transnacional de signos, que se faz à revelia da demanda de uma identidade cultural una e falaciosamente integrativa.

A leitura dos ensaios que compõem o volume demonstra, felizmente, que o objetivo que o preside não se cumpre de todo. Cite-se, como exemplo, o texto "Literatura e Subdesenvolvimento", de Antonio Candido. Nele, a realidade do subdesenvolvimento é desmistificada como álibi das realizações literárias nativistas que postulam a identidade do "sujeito" latino-americano presa a valores localistas. Através das noções de "interdependência cultural" e "assimilação recíproca", alheias a conteúdos universalistas, abre-se caminho para a abordagem do "sujeito" e das produções discursivas latino-americanas como um espaço de intercâmbio e tensão entre valores heterogêneos.

Uma história da literatura latino-americana que não se resuma ao arquivo morto de uma totalidade sem fraturas requer, de saída, que se pense a literatura como perda da memória do *continuum* da História; que se desvele criticamente, aproveitando a lição benjaminiana, a concepção de que a história como curso unitário é uma representação do passado construída por grupos e classes sociais dominantes, que transmitem do passado só o que lhes parece relevante; que se siga a direção apontada pela ficção atual de alguns de seus escritores mais significativos, como Ricardo Piglia e Silviano Santiago. Resguardadas as peculiaridades de cada um, tanto para Piglia quanto para Santiago, a construção cultural da "nação" é uma forma abrangente de afiliação social e textual, dada pelo cruzamento de verdades e falsificações (propositais ou não) capazes de exceder as margens das convenções literárias e dos lugares-comuns ideológicos. Trabalham ambos com pontos de esquecimento da história oficial, tomada como um enredo policialesco que comprime as divergências "desintegradoras" do ponto de vista superior e excludente que visa anular ou unificar todos os outros.

Postura semelhante assume teoricamente Homi K. Bhabha em "DissemiNation: Time, Narrative, and the Margins of the Modern Nation"[11]. Para Bhabha, escrever hoje a história das nações demanda o questionamento da metáfora progressiva da moderna coesão social – *muitos como um* –, deslocando o historicismo das discussões baseadas na equivalência linear e transparente entre eventos e ideias. Contraposta a tal acepção, propõe que se tome a perspectiva de um outro tempo de escrever, capaz de dar conta das formas disjuntivas de representação que significam um povo, uma nação ou uma cultura. Nesse caso, cabe investigar o que chama de "espaço-nação" como uma forma liminar de representação social, internamente marcada pela diferença cultural que assinala o estabelecimento de novas possibilidades de sentido e novas estratégias de significação. É o que ocorre, por exemplo, com a emergência e a afirmação do discurso das minorias – mulheres, negros, homossexuais –, que introduzem processos de negociação por meio dos quais nenhuma autoridade discursiva pode ser estabelecida sem revelar sua própria diferença.

Na negociação transcultural e *inter*nacional proposta, não se trata de inverter o eixo da discriminação política, instalando o termo excluído no centro. A diferença cultural intervém para transformar o cenário da articulação, reorientando o conhecimento através da perspectiva significante do "outro" que resiste à totalização. Isso porque o ato de identificação não é nunca puro ou holístico, como esclarece Bhabha, mas sempre constituído por um processo de substituição, deslocamento e projeção. Daí a importância delegada às contranarrativas marginais ou de minorias, na medida em que, ao evocarem a margem ambivalente do espaço-nação, intervêm nas justificativas de progresso, homogeneidade e organização cultural próprias à modernidade. Modernidade esta que racionaliza as tendências autoritárias e normativas no interior das culturas, em nome do interesse nacional e das prerrogativas étnicas.

Bhabha assume a postura de tomar a nação como contendo limiares de sentido que devem ser atravessados, rasurados e traduzidos no processo de produção cultural. O descentramento crítico daí resultante contribui enormemente para o avanço conceitual das discussões sobre uma história da literatura latino-americana que, embora pensada em termos comparatistas, não se deixa mais prender pelas oposições categoriais do tipo universal/particular, centro/periferia, nativismo/cosmopolitismo. Melhor, portanto, seguir a trilha fornecida pelo autor quando sugere a elaboração de uma teoria da diferença cultural – ou, no nosso caso específico, uma história da literatura latino-americana – a partir da teoria benjaminiana da tradução. No momento marginal do ato de traduzir, que Benjamin descreve como "estranheza das línguas", torna-se patente que a transferência de sentidos nunca é total entre sistemas diversos, como a indicar que as diferenças sociais são elas próprias reinscritas ou reconstituídas em todo ato de enunciação, que acaba por revelar a instabilidade de toda divisão de sentido num dentro e num fora.

O visionário Murilo Mendes, poeta bilingue autoexilado na Itália, escreve, muito antes de partir, sua versão da "Canção do Exílio"[12], substituindo a busca do território invisível e elegíaco do nacional pela tradução "cubista" do país – "terra estrangeira" identificada por "macieiras da Califórnia", "gaturamos de Veneza", "filósofos polacos vendendo a prestações". Mais do que um mero jogo parodístico, o poema de Murilo instala, pela justaposição de objetos heteróclitos e simulados na linguagem, o circuito da diferença constitutiva da nação.

Giuseppe Ungaretti, poeta e tradutor italiano nascido no Egito e exilado voluntariamente no Brasil de 1937 a 1942, percebe bem a situação permanente de exílio do sentido e do sujeito, quando em "Girovago" declara:

In nessuna
parte
di terra
mi posso
accasare

A ogni
nuovo
clima
che incontro
mi trovo
languente

che
una volta
già gli ero stato
assuefatto

e me ne stacco sempre
straniero[13].

Os versos curtos, soltos, sem pontuação, sem vínculo aparente entre si, inscrevem-se no branco da página, nela ocupam um espaço reduzido. Traçam um roteiro mínimo de sentido que parece não se completar, mas se faz provisório, móvel, errante como o sujeito poético, em constante deambulação. O estranhamento da língua, quase clássica na sua dicção, não fosse o impulso desintegrador que implode graficamente a continuidade frásica, abre brechas e vazios por onde se insinua uma voz *estrangeira*, desprendida do solo da linguagem – "e me ne stacco sempre/straniero".

Atitude desterritorializante, a dimensão de estrangeiro é reforçada quando Ungaretti traduz e a faz sua a "Canção do Exílio", de Gonçalves Dias. Na nota marginal que acrescenta à tradução para explicar ao leitor italiano o significado de "sabiá", após especificar a que família o pássaro pertence, diz: "São os flautistas da mata. Quando migram mantêm-se unidos no bando com um trinado coral. Depois que passam, ouve-se o silêncio das coisas. Não se ouve mais nada"[14].

1995

Heterogeneidade e Conciliação em Alencar

Para Ângela e Oswaldo, amigos

A certa altura de *Lucíola* (1862), o narrador-personagem do romance refere-se à protagonista, Lúcia, com um epíteto – "Incompreensível mulher!"[1] –, que diz muito dos vários perfis de mulher que José de Alencar tratou em distintos romances ao longo de sua vasta obra. Há aí um ponto de partida para se entender a atração do escritor cearense pelo desenho das mulheres que criou, de Iracema a Ceci, de Diva a Aurélia, para citar apenas algumas. De certa forma, as "incompreensíveis mulheres" alencarianas encarnam as contradições com que o autor teve de se defrontar para melhor entender a sociedade brasileira, no momento em que ele inaugura e consolida, pela via da estética romântica, o romance nacional entre nós.

Silviano Santiago, em texto em que este se inspira – "Liderança e Hierarquia em Alencar" – colocou de modo certeiro essa questão:

A consciência nacional só pode surgir de formas de compromisso, de um entre-lugar que passa a ser definidor não mais do *puro* exotismo europeu, nem da *pura* exuberância brasileira, mas da contaminação do exotismo sobre a exuberância e vice-versa. Mas esta contaminação tem de ter direção certa: a marca ideológica deve surgir no texto (ela sempre surge), indicando que a valoração é dada pela "realidade" (europeia) que é escrita inicialmente na frase, e não pela "realidade" que se lhe acrescenta por comparação. Existe uma corrosão dos valores entre si, de tal modo que o resultado final é um produto impuro, mas este é afirmativo, positivo da nacionalidade[2].

Chamemos esse "entre-lugar", na nossa leitura, de *entrelugar do feminino*, entendido como aquele em que se instala uma fissura narrativa que permite que a aludida transculturação[3] ocorra e, mais do que isso, abra espaço para a heterogeneidade, como um processo de significação no qual se afirmam campos de força distintos e distintos critérios de avaliação, nos quais a noção de valor perde sua carga consensual, fundada na demanda eurocêntrica de universalidade e totalização, para se propor como categoria *relacional* e *relativa*. Daí a emergência do entre-lugar discursivo como possibilidade de redefinição ininterrupta do valor da ficção, postulado enquanto contradiscurso em que as culturas se reconhecem através da alteridade, e não da semelhança, que as constitui.

Se tomarmos um dado externo aos romances de Alencar, como a data de sua publicação, e um dado de outra natureza, como a classificação da obra em romances urbanos, regionalistas e indianistas, veremos que a concepção de história aí inerente não é a de uma temporalidade linear e contínua, que evolui por etapas sucessivas, no interior de um sistema que vai integrando fatos e eventos até formar uma tradição discursiva que reflui maciçamente em direção ao referente. Não se trata de uma concepção do nacional forjada pela metáfora do crescimento orgânico, que tenta fazer coincidir a série literária e a série social, tendo em vista um conceito de representação em que os traços localistas são definidores por excelência de identidade.

Ao contrário, no conjunto da obra de Alencar, há uma superposição de temporalidades e de espaços distintos na tessitura da jovem nação independente, ainda marcada fortemente pelo sistema escravista, que o escritor prefere desconhecer como esteio da nossa formação nacional. A preferência do autor pelo índio como símbolo de nossa identidade nascente, se indica sua opção política conservadora, por outra parte, fornece-lhe os elementos para contrapor natureza e cultura, no sentido de atender sua necessidade de responder, em termos literários, ao embate com a cultura da Metrópole, num jogo de perdas e ganhos que configura a originalidade de sua produção literária.

Nesse sentido, os romances de Alencar apresentam um movimento diferenciado, em que estão presentes a conciliação desenvolvida por Doris Sommer[4] – em parte, a exemplo de *O Guarani* – e, ao mesmo tempo, a heterogeneidade que os especifica, constituindo um texto híbrido, no qual a "retórica sentimental" é descontruída pelo que estamos chamando de *entrelugar do feminino*. Figuras tão distintas como a Lúcia, de *Lucíola*, e Iracema, do romace homônimo de 1865, irão conformá-lo de maneira excepcional. Uma, ao incorporar a subjetividade burguesa em ascenção e reagir violenta e ironicamente contra ela; outra, ao absorver os valores cristãos do conquistador e sacrificar-se a eles, sem perder os traços de sua cultura de origem.

Construído por meio de um manuscrito em primeira pessoa, que chega às mãos do escritor, *Lucíola* é "o lampiro noturno que brilha de uma luz tão viva no seio da treva e à beira dos charcos. Não será a imagem verdadeira da mulher que no abismo da perdição conserva a pureza d'alma?"[5], pergunta-se o autor do manuscrito. Desde o título, o paradoxo se instala, orientando a leitura, como é comum em textos de Alencar, para um mais além da letra do texto. Une, assim, a exortação moral, em última instância conciliadora, à preparação do leitor, para o "realismo" das cenas e diálogos que terá pela frente.

Como afirma Antonio Candido, na descrição dos amores de Lúcia e Paulo, Alencar "vai tão longe quanto é possível"[6], "ultrapassando pelo realismo qualquer outra cena em nossa literatura séria"[7] no episódio da orgia promovida por Sá e onde Lúcia é a presença central. A cena concentra o sadomasoquismo inerente à relação amorosa, destituindo-a de qualquer efusão lírica ou sentimental.

Para Georges Bataille, o âmbito do erotismo é o da desordem e da ruptura, porque a violência maior para nós reside na morte, que nos arranca da obstinação de vermos durar o ser descontínuo que somos: é-nos insuportável a ideia de que o ser descontínuo que há em nós possa anular-se. A experiência do erotismo pressupõe, portanto, a superação do limite sem sair dos limites dessa vida descontínua. O que está em jogo no erotismo é sempre a perturbação da ordem, da disciplina, da organização individual, das formas sociais regulares, sobre as quais se baseiam as relações de pessoa a pessoa.

A experiência interna do erotismo requer, da parte de quem a realiza, uma sensibilidade tão grande para a angústia que funda o interdito quanto a que induz a transgredi-lo. É essa sensibilidade religiosa que une estreitamente desejo e temor, prazer intenso e angústia[8]. Ou nas palavras do personagem Sá a Paulo, permeadas por termos contrastantes e excludentes:

[...] Bebeste o primeiro trago de vinho; provaste uma vez o fruto proibido. Já conheces o amor dessa mulher: é um gozo tão agudo e incisivo que não sabes se é dor ou delícia; não sabes se te revolves entre gelo ou no meio das chamas. Parece que dos seus lábios borbulham lavas embebidas em mel; que o ligeiro buço que lhe cobre a pele acetinada se eriça, como espinhos de rosa através das pétalas macias; que o seu dente de pérola te dilacera as carnes deixando bálsamo nas feridas. Parece enfim que essa mulher te sufoca nos seus braços, te devora e absorve para cuspir-te imediatamente e com asco nos beijos que atira-te à face[9].

Como cortesã, pertencente ao mundo masculino, Lúcia cumpre a função – afirmativa, mas ambígua em vários aspectos – de manter o *status quo*, em que é peça essencial para o adequado funcionamento da sociedade. Concilia desejo e equilíbrio familiar, desregramento e hierarquia, libertinagem e estabilidade social. Dessa forma, mantida sob controle, pode circular com desenvoltura no espaço mundano, do qual é adereço e índice de que as coisas estão em seu devido lugar. O sadomasoquismo das relações eróticas transfere-se para as relações sociais, do espaço privado para o espaço público, num estranho, embora previsível, processo de acomodação dos corpos – individual e social. Seu perfil psicológico revela-se, quase no final da narrativa, por uma imagem que resume o que estamos procurando mostrar.

> – Uma loucura!... Não sei como me veio semelhante ideia! Vendo esta água tão clara toldar-se de repente, pareceu-me que via minha alma; e acreditei que ela sofria, como eu quando os sentidos perturbam a doce serenidade de minha vida.
> Depois de uma pausa, continuou:
> – Naquele dia... não soube explicar-lhe... É isto! Vela! A lama deste tanque é meu corpo: enquanto a deixam no fundo e em repouso, a água está pura e límpida![10]

A relação *amorosa* de Lúcia com Paulo transgride o interdito, do lado dela e do lado dele, ao transpor limites antes demarcados. Instaura o heterogêneo como o que não pode ser representado e, portanto, interfere na produção da linguagem e a desloca de seus marcos esperados, que o narrador sabiamente não confunde com uma escrita reticente, à qual poderia ser levado pela situação: "Com efeito, a reticência não é a hipocrisia no livro, como a hipocrisia é a reticência da sociedade?"[11] Em resposta às dúvidas de Paulo, Lúcia responde a seu modo:

> – Ah! Esquecia que uma mulher como eu não se pertence; é uma cousa pública, um carro de praça, que não pode recusar quem chega. Estes objetos, este luxo, que comprei muito caro também, porque me custaram vergonha e humilhação, nada disso é meu. Se quisesse dá-los, roubaria aos meus amantes presentes e futuros; aquele que os aceitasse seria meu cúmplice. Esqueci-me que, para ter o direito de vender o meu corpo, perdi a liberdade de dá-lo a quem me aprouver! [...] Enquanto abrir a mão para receber o salário, contando os meus beijos pelo número das notas do banco, ou medindo o fogo das minhas carícias pelo peso do ouro; enquanto ostentar a impudência da cortesã e fizer timbre da minha infâmia, um homem honesto pode rolar-se nos meus braços sem que a mais leve nódoa manche a sua honra; mas se pedir-lhe que me aceite, se lhe suplicar a esmola de um pouco de afeição, oh! Então meu contato será como a lepra para a sua dignidade e a sua reputação[12].

No jogo capitalista dominado pelo fetiche da mercadoria, o resultado dos amores entre Lúcia e Paulo não poderia ser senão a morte da amante, como a confirmar a estrutura que ambos tentam enfrentar e os valores conciliatórios que a fundamentam. O *entrelugar do feminino*, no entanto, permanece como possibilidade postergada de uma nova configuração intersubjetiva e social, marcada pelo diapasão do ir e vir da escrita diante das imposições ideológicas e discursivas que o texto consegue driblar como nenhum outro à sua época. Alguns anos depois de ter escrito a obra que o tornou célebre e obteve maior repercussão entre o público – *O Guarani* (1857) –, Alencar pode lançar-se corajosamente ao desnudamento do nosso processo social, por meio da investigação e do conflito psicológico, prenunciando o que Machado de Assis dará continuidade em seus grandes romances.

É de Machado a compreensão inicial mais pertinente de outro livro que nos ocupa a atenção. Ao tratar de *Iracema*, em texto de 1866, chama a atenção para a originalidade das criações femininas do autor, destaca o caráter de poema em prosa do romance para, finalmente, profetizar: "Poema lhe chamamos a este, sem curar de saber se é antes uma lenda, se um romance: o futuro chamar-lhe-á obra-prima"[13]. A certeira opinião do escritor fluminense, confirmada pela extensa fortuna crítica da "lenda do Ceará", na denominação do autor, compreende diferenciadas leituras, quase todas centradas na ideia do romance como uma alegoria nacional ou americana, esta última em razão da natureza anagramática do título, como notou pela primeira vez Afrânio Peixoto.

Outra via de análise, não de toda diferente das anteriores, propõe-se como forma de investigação do *entrelugar do feminino*, dessa vez voltada para os primórdios da formação nacional brasileira. Merece destaque a moldura com que Alencar enquadra sua narrativa: um prólogo, de maio de 1865, é uma dedicatória aos patrícios cearenses, uma volta ao lar, à *patria chica*, como estratégia metonímica para falar da *nação*; no final, uma carta, de agosto de 1865, em que o autor faz uma análise do livro e expõe seu processo de criação e o lugar do romance no âmbito da literatura brasileira que se constituía à época.

Como Silviano Santiago ressaltou em edição comentada de *Iracema* (1975), Alencar tinha o cuidado de cercar seus romances de paratextos (prólogos, posfácios, notas), em que a metáfora do autor-pai e do livro-filho impõe-se como direcionamento à leitura, tentando cercear possíveis deslocamentos de interpretação. No caso de *Iracema*, acrescente-se, o autor estaria propondo uma narrativa pedagógica da nação, no sentido de uma renegociação constante do princípio que reafirma o interesse geral contra os interesses particulares, o bem comum contra o privilégio. Vale dizer: o sonho de uma sociedade de pares inclui a repressão da diferença do sujeito, em troca da liberdade individual no interior da comunidade mantida a salvo do perigo de dissolução que os interesses corporativos ou tribais representam.

Em suma, apropriando-se dos termos de Homi K. Bhabha[14], Alencar estaria dando forma à metáfora do *muitos como um*, operada a partir da alegorização da terra-mãe pela figura feminina, ao mesmo tempo que esse procedimento se veria questionado, mesmo que à revelia do autor, pelo *entrelugar do feminino*, concebido como lugar da transgressão, capaz de dar conta das formas disjuntivas de representação que significam um povo, uma nação ou uma cultura. Se assim for, cabe investigar o romance como uma forma liminar de representação social, internamente marcada pela diferença cultural que assinala o estabelecimento de novas possibilidades de sentido e novas estratégias de significação. É o que ocorre, por exemplo, com a emergência da personagem Iracema, que adquire foros de uma autoridade contradiscursiva diferente da posição masculina que Martim e os guerreiros da tribo representam.

Dessa perspectiva, o subtítulo "lenda do Ceará" já instaura uma divisão espacial, cujo raio de alcance diferencial requer um esforço de recriação linguística que o uso de termos indígenas e o processo textual da comparação – exagerada, na visão do autor, segundo a "Carta" da primeira edição – procuram cumprir. Tanto num caso como no outro, trata-se de fazer a língua portuguesa amoldar-se à nova dicção e plasticidade conquistada nos trópicos, por meio da intensificação das "influências" nativas. Por isso o autor exagera nas comparações, como forma de traduzir uma realidade linguística por outra, cujo referente "natural" deve atravessar as fronteiras da cultura branca, até obter um significado outro, sem perder de todo sua significação original. Os exemplos são inúmeros. Destaquemos um, em forma de diálogo:

– Como a cobra que tem duas cabeças em um só corpo, assim é a amizade de Coatiabo e Poti.

Acudiu Iracema:

– Como a ostra que não deixa o rochedo, ainda depois de morta, assim é Iracema junto a seu esposo.

Os guerreiros disseram:

– Como o jatobá na floresta, assim é o guerreiro Coatiabo entre o irmão e a esposa: seus ramos abraçam os ramos do ubiratã, e sua sombra protege a relva humilde[15].

O trecho é rico em inflexões e diz muito, de forma sintética, da maneira idealizada com que a natureza, o branco, os índios e a mulher se "abraçam". Mas à medida que Martim foge desse abraço, Iracema – que se tornara cristã pelo abandono de sua função de sacerdotisa tabajara – inicia o calvário da solidão, do isolamento e da saudade. Mais uma vez, em Alencar, o *entrelugar do feminino* mostra-se como configurador de um vazio operatório que põe em xeque o processo de conciliação social e cultural que o texto vinha tentando estabelecer. A terra-mãe, abandonada por seu filho-conquistador – Martim é filho de portugueses, mas nascido no Rio Grande do Norte – deixa de ser o paraíso terrestre para ser o território geográfico e subjetivo da melancolia e da dor, que o canto da jandaia, morta Iracema, vai expressar até calar-se de vez.

A dramatização da experiência da perda e da falta é traduzida desde as primeiras páginas do texto pelo tom solene e hierático dos diálogos. A princípio soam deslocados e dissonantes, mas aos poucos assumem, na leitura, o sentido como que de ruínas de um tempo "áureo", que a narrativa em *flashback* sugere. No primeiro diálogo entre Iracema e Martim, depois de ele ter sido ferido por ela, lê-se:

> O guerreiro falou:
> – Quebras comigo a flecha da paz?
> – Quem te ensinou, guerreiro branco, a linguagem dos meus irmãos? Donde vieste a estas matas, que nunca viram outro guerreiro como tu?
> – Venho de bem longe, filha das florestas. Venho das terras que teus irmãos já possuíram, e hoje têm os meus.
> – Bem-vindo seja o estrangeiro aos campos dos tabajaras, senhores das aldeias, e à cabana de Araquém, pai de Iracema[16].

Outra é a disposição final, quando nasce Moacir, "o filho da dor", depois de longa ausência de Martim. Mais uma vez a personagem feminina é condenada à morte – "o estame de sua flor se rompera", diz o narrador[17]. Como voltar então ao início e ler a cadência melodiosa das primeiras frases do relato senão como um canto fúnebre, que a beleza das frases-verso não consegue apagar? Na passagem da lenda à história o que se perdeu ou se ganhou? A lucidez de Alencar parece deixar as perguntas em suspenso, como não poderia ser de outro modo para quem se dedicou ao exame penetrante e incansável da *terra brasilis* como o espaço indecidível dessa passagem, travessia ainda inconclusa porque ferida aberta desde o começo, quer se trate da "virgem dos lábios de mel" ou da cortesã do Império.

A operação tradutória da natureza para a cultura, do sujeito para o outro, das vastas regiões do interior do país para suas cidades, compõe um quadro de referência para a literatura brasileira posterior a Alencar. De suas personagens femininas – marcadas pelo signo da heterogeneidade e da conciliação –, nascem Capitus e Diadorins, Madalenas e Macabéas. Pois, no dizer de Guimarães Rosa, "uma tradução é saída contra Babel".

2009

Imagens de Memória,
Imagens de Nação

A narrativa da nação é um jogo sutil entre lembrar e esquecer. Ao abordar o nascimento das nações europeias, E. Renan chama a atenção para o fato de que sem o esquecimento da violência existente na origem de todas as formações nacionais é impossível conseguir-se a unidade que as constitui. A comunhão de interesses comuns pelos indivíduos é também partilha de coisas que devem ser esquecidas em conjunto ou lembradas, quando destrutivas, para que não se repitam, para que sejam constantemente "esquecidas". Raça, língua, religião, território e interesses militares submetem-se à abstração das diferenças e ao princípio do esquecimento de um dissenso primeiro. Mas uma nação não existe sem passado: é preciso lembrar a herança deixada por seus fundadores. A memória nacional, alerta M. Halbwachs, é a forma mais acabada da memória coletiva[1]. Sua função é a de manter a coesão social e a estabilidade das instituições que delimitam as fronteiras nacionais. É a memória do monumento público, oficial, que se organiza em torno dos grandes acontecimentos e personagens históricos.

M. Pollak, ao estudar as "memórias subterrâneas"[2], recalcadas e mantidas longo tempo em silêncio pelo caráter uniformizador e destrutivo da memória coletiva nacional, ressalta o processo de redistribuição de cartas políticas e ideológicas quando essas memórias rompem a afasia e vêm à tona. Quando isso acontece, iniciam-se operações de "negociação" entre as diversas memórias, com o objetivo de manter a unidade do tecido social sempre renovada, embora tal procedimento não deixe de apontar para o fosso existente entre as reivindicações da sociedade civil e as imposições do Estado-nação hegemônico.

Nesse caso, vale relacionar-se a aludida negociação com a metáfora do "plebiscito diário"[3], que Renan usa para definir a nação. Ambas reúnem a herança do passado com um futuro a realizar, através da expressão do desejo presente de continuar a viver em conjunto. A dualidade que a metáfora do plebiscito exprime merece destaque, uma vez que condensa dois tempos distintos de uma mesma realidade. O plebiscito afirma tanto um conflito anterior, a ser contornado ou sanado diariamente pelo consenso dos indivíduos, quanto a emergência de algo novo no decorrer da vida cotidiana e que, sendo de certa forma inevitável, deve ser direcionado convenientemente para a manutenção da unidade social.

Em outros termos: o povo cria a nação e é criado por ela, configurando um amálgama – a "consciência moral", no dizer de Renan – que mostra que o homem "não é escravo nem de sua raça, nem de sua língua, nem de sua religião, nem do curso dos rios, nem da direção das cadeias de montanhas"[4]. Embora esses elementos façam parte do conjunto de referentes que constituem uma nação ou o ser nacional de uma perspectiva do alto (governos ou militantes nacionalistas), eles só adquirem função significante quando atravessados pelo baixo[5], por interesses, suposições e aspirações de pessoas comuns.

O ponto de intersecção da política (institucional) com as transformações socioculturais em curso dá à clássica equação – nação = Estado = povo soberano – uma mobilidade bastante específica. Na verdade, as narrativas identitárias nacionais constroem-se, no âmbito de uma concepção pedagógica, pela renegociação constante do princípio que reafirma o interesse geral contra os interesses particulares, o bem comum contra o privilégio. Vale dizer: o sonho de uma sociedade de pares inclui a repressão da diferença do sujeito, em troca da liberdade individual no interior da comunidade mantida a salvo do perigo de dissolução que os interesses corporativos ou "tribais"[6] representam. A conhecida declaração do líder revolucionário Samora Machel – "Matar a tribo para que nasça a nação moçambicana" –, apesar de remeter a um acontecimento histórico específico, exprime de maneira geral o processo determinante das formações nacionais, o fator de homogeneização (violenta) que quase sempre o preside.

No conjunto das identificações que constituem o ser social na atualidade, o conflito inevitável entre o global e o local parece reafirmar a via de identificação nacional baseada na concepção de que o diferente é igual, embora não idêntico[7]. A emergência reivindicatória das minorias – sexuais, étnicas, religiosas – torna visível essa concepção no âmbito do cotidiano, dando ao aludido plebiscito diário uma complexidade antes insuspeitada. Se a fronteira é o que diferencia uma nação do que está fora dela – o território do Outro –, o discurso minoritário assinala a existência de fronteiras internas, que demarcam o espaço heterogêneo da identidade a ser compartilhada. A identificação resulta, pois, num movimento dual de estreitamento e alargamento de fronteiras culturais, tendo em vista os "territórios" a serem cedidos ou conquistados nos interstícios das diferenças sociais e das lutas políticas. Nesse sentido, a integração nacional passa a depender mais do choque de valores em jogo na cena social do que das estratégias postas em funcionamento pelo aparato ideológico do Estado.

O relógio

O jogo de diferenciações e identificações componente da ideia de nação implica também a existência de um regime temporal próprio. Como B. Anderson mostrou, a imaginação nacionalista guarda fortes afinidades com as imaginações religiosas, visto que ambas se preocupam com a imortalidade e a morte. O autor destaca a importância dos cenotáfios e túmulos de soldados desconhecidos para a "comunidade imaginada" que é a nação[8], ao afirmar que o significado cultural desses monumentos é que eles estão vazios de restos mortais identificáveis e podem, assim, comportar projeções fantasmáticas do nacional.

No sistema simbólico assim instituído, os mortos vinculam-se aos vivos e aos que vão nascer, dando significado de perenidade ao que é contingente, como se a "história" da nação emergisse desde sempre de um passado imemorial. Mas no caso da imaginação nacionalista, a concepção religiosa de simultaneidade longitudinal do tempo, que vincula um aqui e agora a algo que sempre existiu e que se cumprirá no futuro, cede o lugar ao "tempo homogêneo e vazio"[9]. A noção de história que daí resulta se assemelha aos pressupostos da concepção hebraico-cristã de tempo, no sentido de que se baseiam na sucessão de etapas a serem vencidas, tendo em vista um fim e um final idealizados. A simultaneidade passa então a ser marcada pela coincidência temporal[10] da vida em comum e a ser medida pelo relógio e pelos cronômetros. Nas palavras de B. Anderson: "A ideia de um organismo sociológico que se move pelo calendário através do tempo homogêneo e vazio apresenta uma analogia precisa com a ideia de nação, que também é concebida como uma comunidade compacta que se move firmemente através da história"[11].

Tal movimento, que se pauta pela linearidade e pelo acúmulo, expressa a mudança radical operada pela modernidade no âmbito da vida social e das práticas culturais em que se inclui a literatura. Uma aproximação ainda que sumária a Baudelaire é aqui esclarecedora. Para o autor de *Les Fleurs du Mal*, o relógio dos tempos modernos é um "deus sinistro, assustador, impassível", munido de uma "garganta de metal" que tudo devora: os prazeres, os dias. Deus-autômato, ele assinala, por meio da repetição cumulativa e da aceleração imposta pela produção capitalista, o tempo desumano da alienação que leva o nome de progresso. No último poema de *Spleen et Idéal*, o lírico no auge do capitalismo converte o encadeamento regulado pelo fluxo contínuo da história universal em catástrofe e desastre do futuro, em virtude da própria lógica de constituição do tempo do moderno como "acontecimento do *novo*"[12]. Diz o poeta, em "L'Horloge" ("O Relógio"):

Trois mille six cents fois par heure, la Seconde
Chuchote: *Souviens-toi!* – Rapide, avec sa voix
D'insecte, Maintenant dit: Je suis Autrefois,
Et j'ai pompé ta vie avec ma trompe immonde![13]

Souviens-toi! (*Lembra-te!*) – a equação temporal do poema assimila, na expressão que a constitui e se repete intermitente, o apelo à reminiscência e a constatação de sua impossibilidade no tempo homogêneo e vazio em que o novo, no sentido de novidade burguesa, erigiu-se como valor absoluto. Memória e modernidade exprimem, sob a forma da conjunção disjuntiva, o dilaceramento baudelairiano e, em última instância, a intervenção paradoxal do poeta que busca "opor ao tempo destruidor a frágil perenidade do poema"[14].

O ato poético, revolucionário por excelência, inscreve no corpo textual as marcas da sua dicção radical: a advertência reiterativa (*Souviens-toi!*), além da grafia diferencial que a distingue na cadeia significante, funciona como uma sorte de cesura que interrompe o encadeamento rítmico dos versos e instaura um instante de pausa na leitura. A pausa captura o tempo e concentra, no átimo da reminiscência, a possibilidade de acercar-se da memória involuntária da história. A consciência aguda da temporalidade e da morte introduz, na massa uniforme dos dias e na linguagem, a capacidade de perceber o diferenciado e de fazê-lo vibrar na intensidade de uma mônada. Essa parada brusca imobiliza o presente que contém, na sua agoridade, o devir histórico – como no ato dos manifestantes franceses da Revolução de Julho, lembra W. Benjamim[15], ao atirarem, na mesma hora e sem combinação prévia, nos relógios das torres localizadas em diferentes bairros de Paris.

No nível da escrita, parar a progressão linear do tempo é, de alguma forma, desencadear o acontecimento revolucionário do descentramento do sujeito. Não mais sua restrição à positividade de uma presença ou à consciência de si, mas antes a abertura às dimensões involuntárias e inconscientes da experiência da qual se viu espoliado com o advento do moderno. A memória, enquanto forma de determinação histórica dessa experiência prestes a desaparecer, cumpre aí a função operatória de espaçamento do tempo, por meio da marcação de intervalos, pausas ou suspensões que interrompem a linearidade cronológica e a identidade do sujeito consigo mesmo, inserindo-o num registro temporal diferenciado. A abertura ao que é outro e não próprio desfaz a existência de uma interioridade ou uma anterioridade absolutas, marcadas pela oposição entre dentro e fora, singular e anônimo. No complexo de ramificações e conexões contíguas, o tempo atravessa o sujeito e é atravessado por ele, tornando o poema – flor do mal – a *promessa de felicidade* de uma outra história.

Coleção de cacos

O impasse na noção de identidade do sujeito moderno, que a poesia baudelairiana traduz em termos de "destruição da memória"[16], expressa a instabilidade dos regimes de identificação que permeiam a experiência particular e a experiência coletiva, a rigor indissociáveis. No caso do texto memorialístico, empreender a busca de si equivale a tomar a memória como lugar de consciência biográfica e histórica do presente, a partir de imagens geradas pelo que falta ou se perdeu. É o que enuncia o poema "Documentário", de Carlos Drummond de Andrade:

No Hotel dos Viajantes se hospeda
incógnito.
Já não é ele, é um mais-tarde
sem direito de usar a semelhança.
Não sai para rever, sai para ver
o tempo futuro
que secou as esponjeiras
e ergueu pirâmides de ferro em pó

onde uma serra, um clã, um menino,
literalmente desapareceram
e surgem equipamentos eletrônicos.
Está filmando
seu depois.
O perfil da pedra
sem eco.
Os sobrados sem linguagem.
O pensamento descarnado.
A nova humanidade deslizando
isenta de raízes.
Entre códigos vindouros
a nebulosa de letras
indecifráveis nas escolas:
seu nome familiar
é um chiar de rato
sem paiol
na nitidez do cenário
solunar.
Tudo registra em preto e branco
afasta o adjetivo da cor
a cançoneta da memória
o enternecimento disponível na maleta.
A câmara
olha muito olha mais
e capta
a inexistência abismal
definitiva/infinita[17].

O *tópos* da viagem é indicador do deslocamento entre espaços separados pelo tempo, bem como do efeito de estranhamento do viajante que se distancia de si para ter a experiência do outro que, em larga medida, ele se tornou. Colocar-se no centro da câmara do poema-filme-documentário é estar fora de si, para se ver desdobrado num tempo não sequencial, efeito do movimento mesmo da volta a um futuro anterior, ao passado como uma "idade vindoura"[18]. A adoção de uma perspectiva *a posteriori* imprime no negativo do poema-filme as imagens virtuais que irão documentar o exílio do sujeito no território indefinido e instável da "nova humanidade" cujos rastros, como aéreas raízes, a linguagem da memória se encarregará de recriar. A força de evocação e prospecção da morte – inexistência abismal/infinita – faz convergirem itinerários em princípio divergentes: o caminho para trás do adulto que rememora e o da criança que caminha para frente na vida[19].

A postura assumida pelo poeta de *Boitempo*, ao introduzir a percepção infantil como determinante do processo de rememoração, tem consequências que vão além da mera reconstrução biográfica de uma infância empírica. Como observa Silviano Santiago,

> Drummmond, ao querer voltar a ser menino não o faz com o desejo de ver a criança que existe no adulto, mas com o desejo de ver a criança que existe na criança, com o desejo de ver o velho que existe na criança, ou, de forma mais definitiva [...] com o desejo da criança que é o velho, ou o velho que é a criança[20].

O lastro da história pessoal não é a relação entre evento e seu registro no decorrer do tempo homogêneo e vazio, mas a capacidade de estabelecer correspondências inesperadas entre o passado e o presente, ou entre o novo e o velho. A via escolhida é a adoção deliberada do ritmo de uma sorte de *durée* da "vida paroquial", como forma de questionamento da sociedade urbano-industrial e do mundo tecnológico. Não se trata de retorno passadista "às tábuas da lei mineira de família" ou ao "Antigo Testamento do Brasil"[21], mas de comentário e distorção irônica de seus códigos pela insistência do adulto em assumir a volúpia do menino, como o poema "Intimação", de *Esquecer para Lembrar*, deixa claro. Variante da "bebedeira" baudelairiana – "A criança vê tudo como *novidade*, ela está sempre *bêbada*"[22] –, a volúpia faz oscilar o foco de observação (para frente, para trás), fazendo com que tudo resulte como se fosse visto o tempo todo pela primeira vez.

A reconstituição incessante do gesto arcaico e novo de recomeçar, enquanto forma de rastreamento da perda irremediável da origem, aponta para o encontro com uma vida anterior ou pré-histórica, simulada como lugar das inesperadas correspondências que a história linear teima em esquecer. É o tempo da escrita do adulto-criança, da salvação da experiência pela *memória involuntária* do desconhecido. A percepção infantil torna-se estado de criação poética. Em "Inscrições Rupestres no Carmo", a caminho da escola, o menino depara-se com antigos desenhos indígenas sobre a pedra. Neles pressente um patrimônio de valor maior que os bens de família, embora desvinculado da sua experiência pessoal e da de seus contemporâneos[23]:

> É um tempo antes do tempo do relógio,
> e tudo se recusa a ser História
> e a derivar em provas escolares.
> Lá vou eu, carregando minha pedra,
> meu lápis, minha turva tabuada,
> rumo à aula de insípidos ditados,
> cismando nesses mágicos desenhos
> que bem desenharia, fosse índio[24].

O tempo das memórias drummondianas marca-se pela aparição e pelo apagamento de *desenhos* que perduram, como imagens constelares, na leveza porosa da folha de papel. Apropriar-se do curso das coisas é resignar-se a perdê-las, sabe-o bem o memorialista, para quem o texto é o lugar da significação e da morte. A recusa do estilo clássico da autobiografia, a favor do fragmento e da descontinuidade, expressa esse percurso de perdas e ganhos, fazendo da reminiscência a dobra e a desdobra do insignificante, do minúsculo e do particular. O memorável advém, pois, de resíduos culturais que o adulto-criança, na sua situação liminar, articula com a própria experiência: o viajante desdobra-se em arqueólogo e colecionador. O poema "Coleção de Cacos", em *Esquecer para Lembrar*, sintetiza bem a situação:

Já não coleciono selos. O mundo me inquizila.
Tem países demais, geografias demais.
Desisto.
Nunca chegaria a ter um álbum igual ao do Dr. Grisolia,
orgulho da cidade.
E toda gente coleciona
os mesmos pedacinhos de papel.
Agora coleciono cacos de louça
quebrada há muito tempo.
Cacos novos não servem.
Brancos também não.
Têm de ser coloridos e vetustos,
desenterrados – faço questão – da horta.
Guardo uma fortuna em rosinhas estilhaçadas,
restos de flores não conhecidas.
Tão pouco: só o roxo não delineado,
o carmezim absoluto,
o verde não sabendo
a que xícara serviu.
Mas eu refaço a flor por sua cor,
e é só minha tal flor, se a cor é minha
no caco de tigela.
O caco vem da terra como fruto
a me aguardar, segredo
que morta cozinheira ali depôs
para que um dia eu o desvendasse.
Lavrar, lavrar com mãos impacientes
um ouro desprezado
por todos da família. Bichos pequeninos
fogem de revolvido lar subterrâneo.
Vidros agressivos
ferem os dedos, preço
de descobrimento:
a coleção e seu sinal de sangue;
a coleção e seu risco de tétano;

a coleção que nenhum outro imita.
Escondo-a de José, por que não ria
nem jogue fora esse museu de sonho[25].

A lógica do colecionador vale-se da singularidade, em oposição ao típico e ao classificável, atuando contra a reificação, que é uma forma de esquecimento. O trabalho arqueológico de *anamnesis* opera por cortes e recortes no *continuum* da história – individual, familiar, coletiva –, modificando o já fixado e estabelecendo uma nova ordem correlacional, que se acrescenta a um significado precedente (a coleção de selos, a louça inteira). Arestas cortantes de sentido, os cacos sucedem-se metonimicamente como fragmentos, sem nunca constituir, no entanto, um todo ou algo completo. O "museu de sonho" ou museu imaginário que é a coleção recupera pelo fragmento a aura do objeto – o que é irrepetível e único –, tornando próximo o distante. Daí a "iluminação profana" em que, nas palavras de Olgária Matos, "o cotidiano e o mistério conjugam seus poderes, fazendo corpo com o mundo das imagens (*Bild*). É na *imagem* que se 'telescopiam' o imemorial do passado e o *Jetztzeit*"[26].

A tensão entre presença e ausência, inerente à constituição da imagem como tal, configura a escrita das memórias como um movimento de dupla aproximação: ao que está distante no tempo, ao que está longe no espaço. Colecionar cacos e contar histórias afirmam-se como atividades análogas, visto que se definem por uma espécie de ritual de revificação em que a imagem-fragmento, além de evidenciar a distância do passado e o desejo de redimi-lo pelo presente, revela-se como representação disjuntiva do espaço social. A autoinserção do colecionador-narrador[27] numa tradição subterrânea e esconsa – que o segredo da cozinheira encerra – institui uma via lateral e oblíqua de imagens identitárias que colocam em cena a alteridade dos indivíduos e da cultura. Através desse processo, torna-se patente a falta anterior de uma presença – um "vazio sem vaso"[28], nas palavras de Drummond – que incide metonimicamente sobre a metáfora da unidade social e da homogeneização cultural. A singularidade do colecionador de cacos em relação aos demais colecionadores torna manifesta uma *outra* geografia, que delineia o espaço de resistência à totalização no plano do individual e no plano da coletividade.

Chamado geral

O texto memorialístico, forma peculiar de narrativa identitária, permite observar como se opera a conjunção que delimita a nação moderna, simultaneamente "coleção de indivíduos e indivíduo coletivo", conforme Louis Dumont[29]. De fato, o memorialista estaria encenando sua necessidade de emancipação individual ao se diferenciar dos outros, ao mesmo tempo que se reconheceria imediatamente como ser social, sendo normal sua necessidade de enquadramento e comunhão. Desse ponto de vista, a aporia da nação traduz, ainda segundo L. Dumont, "a dificuldade que tem a ideologia moderna de dar uma imagem suficiente da vida social (intra e interssocial)"[30], sobretudo por pensá-la em termos genéricos de causalidades discursivas pré-dadas.

Ao singularizar a totalidade do espaço da nação através da perspectiva pessoal, as memórias opõem-se ao poder de generalização implícito na metáfora geradora da solidez e da coesão nacionais – *muitos como um* –, abrindo brechas para outras possibilidades de rearticulação de identidades. Para dizê-lo com H. Bhabha, na nova situação, o *um* é não só a tendência para totalizar o social no tempo homogêneo e vazio, mas também a repetição de um menos na origem, o menos que um que intervém como uma iterativa temporalidade no sentido de transformar o uníssono do *Heim* nacional em *unheimlich*[31]. É o que Murilo Mendes deixa entrever em significativa passagem de *A Idade do Serrote*:

> Todos se conheciam, Juiz de Fora parecia constituir uma única família. O Brasil era imenso, distante, indeterminado, quase abstrato; o morro do Imperador, alto aos meus olhos que nem o Himalaia, dava-me a ideia de limite intransponível, fazendo-me compreender que vivíamos numa espécie de prisão

de luxo. Eu queria que meu pai construísse uma casa no alto do morro; pedia a Primo Nélson que o convencesse; porque morando lá em cima se alteraria certamente minha ideia de limite; estaria mais próximo das nuvens, talvez pudesse conversar seres sobrenaturais; gozaria de ampla perspectiva[32].

O princípio desagregador que separa continente e conteúdo, deslocando para fora do território familiar da *patria chica* o espaço da nação distante, é aqui índice do desejo e da frustração de se constituir um núcleo comum de identidade, a ser compartilhado na "ampla perspectiva" do Brasil. Ao situar-se dentro e fora das fronteiras nacionais, o narrador muriliano – também ele um adulto-criança, embora investido de larga erudição cosmopolita – reafirma no âmbito das memórias uma falta que só pode ser sanada (vicariamente) por meio do suplemento da escrita. Assim sendo, as memórias trazem à cena do texto, por meio de distintos procedimentos alegóricos, efeitos de desterritorialização que se desdobram em imagens cada vez mais ambivalentes em termos de localização espacial. Em outra passagem de *A Idade do Serrote*, ao referir-se à sua ama, o narrador dá uma bem-humorada amostra disso: "Sebastiana diz que tem uma vontade doida de ir a Minas Gerais, Mamãe diz mas Sebastiana você mora em Minas Gerais, ué gente, eu pensava que eu morasse em Juiz de Fora"[33].

A ideia de Minas como o "círculo geográfico do centro"[34] parece contradizer a referida ambivalência, não fosse tal concepção de centralidade ela própria índice da tendência histórica do separatismo de algumas das regiões mineiras. O artifício da centralidade adquire, mesmo à sua revelia, um poder de exclusão que contraria construções ideológicas baseadas na premissa da resolução harmônica dos conflitos e na visão conciliadora que, num livro famoso, Alceu Amoroso Lima contribuiu para referendar, ao concluir que Minas estaria "naturalmente fadada a ser o centro de gravidade do Brasil"[35]. Mas é o memorialista Pedro Nava quem melhor vai colocar em xeque a metáfora do *muitos como um*, exprimindo, não sem uma forte dose de bairrismo e preconceito regional, a violência do impasse entre dilaceramento e coesão[36]. Em *Baú de ossos*, opta pelo ponto de vista excludente da Minas mineradora – o "circulo mágico onde se fala a língua do *uai*", segundo o autor:

> No fundo, bem no fundo, o Brasil para nós é uma expressão administrativa. O próprio resto de Minas, uma convenção geográfica. O Triângulo já não quis se desprender e juntar-se a São Paulo? Que se desprendesse... E o Norte já não pretendeu separar-se num estado que se chamaria Nova Filadélfia e teria Teófilo Otoni como capital? Que se separasse...[37]

Que Minas são essas que não se integram numa imagem estável e em que solo, senão o da ideologia, se enraíza o mito da mineiridade? Se a fixação no local de nascimento é a mediação privilegiada no processo de identificação dos memorialistas mineiros, tal via identitária mostra-se plena de contradições ao ser considerada como meio obrigatório de passagem no tocante à concepção da identidade cultural brasileira. A opção crítica pela mineiridade como modelo interpretativo mostra-se, pois, insatisfatória, uma vez que, ao ser posto em operação, esse modelo acaba geralmente por reforçar estereótipos como a nostalgia da origem, a reiteração dos valores da família patriarcal, a aversão às mudanças sociais e a incorporação de uma temporalidade mítica e abstrata[38]. Trata-se, em suma, do endosso da ideia de tradição enquanto permanência e conservadorismo, o que não chega a efetivar-se na obra memorialística dos autores em causa.

Uma outra perspectiva de leitura esboça-se como mais instigante, se se leva em conta não só a temática das memórias, mas também o tempo histórico de sua produção e os mecanismos *literários* de enunciação textual. Uma primeira coincidência de datas não deixa de ser sugestiva: *A Idade do Serrote*, de Murilo Mendes, e *Boitempo*, de Carlos Drummond de Andrade, foram publicados no ano emblemático de 1968, o mesmo do início da redação de *Baú de Ossos*, como indicam as datas registradas no final do livro de Pedro Nava. Visto com os olhos de hoje, o fato merece destaque, uma vez que permite ler o texto tardio dos modernistas mineiros como uma forma de intervenção performativa no âmbito das representações do nacional impostas de forma autoritária pela via pedagógica, quando do recrudescimento das forças totalitárias no país. Mas a questão é mais complexa do que aparenta. Sob o ângulo da chamada mineiridade, o texto memorialístico dos autores citados correria, grosso modo, o risco que parece correr a obra de Pedro Nava, ou seja, o de tender por vezes a funcionar, segundo Davi Arrigucci Jr., como

> [...] uma justificativa do presente com apoio na memória do passado, obedecendo a uma necessidade histórica da burguesia [...] de remontar à origem reconstituindo-a de acordo com sua perspectiva interessada de classe, a fim de sancionar a dominação atual. E a reconstrução do passado de uma classe, determinado por seus interesses particulares, tenderia a extrapolar seus limites para se confundir com a própria história geral da nação[39].

Nesse sentido, as memórias continuariam a fazer parte do projeto com o qual escritores como Carlos Drummond de Andrade e outros integrantes da sua geração se viram anteriormente envolvidos: construir uma nação e dar a ela uma identidade cultural. A partir dos anos de 1930, o projeto passa pela conivência do intelectual ou do artista com a política imposta pelo Estado Novo para a área da cultura, em cujo contexto a mineiridade irá institucionalizar-se como uma versão privilegiada do pensamento moderno entre nós[40]. Decisiva para o processo de modernização em curso à época, a tarefa de sistematizar o passado e constituir uma tradição nacional encontraria nas memórias publicadas desde o final dos anos de 1960 uma espécie de reiteração do antigo projeto, no instante em que muitas de suas proposições começam a perder a função dominante que vinham até então exercendo, principalmente no terreno artístico e literário.

Assim consideradas, as memórias tornariam antiquado o velho e conservadora a própria tradição modernista, num movimento de retorno inevitável do mesmo, não fosse o papel de narrador que os memorialistas assumem. Narrar é criar, através da fala da criança que o adulto foi e continua sendo, passagens e vias de comunicação entre passado e presente, entre dentro e fora (da tradição, da nação), o que só pode ser feito recorrendo-se às palavras. Encadear uma palavra ou uma história na outra é fundar com o leitor uma comunidade narrativa – *imaginada* porque efeito de um desejo que se traduz em imagens de um tempo pleno de agoras. Habilidoso artesão-narrador que é, o memorialista restaura assim, por derivação, o gesto inaugural que institui sua prática, ao fazer dela o ato de colocar o vazio originário em forma de linguagem. Entre o distanciamento e o pertencimento, Minas vira então metáfora: lugar de transporte e travessia de imagens que não se deixam imobilizar e onde a tradição se afirma como "*tradizione*", no sentido de transmissão e interpretação de mensagens[41].

Talvez possamos entender assim o *conselho* (benjaminiano) dos velhos modernistas mineiros, na medida em que postulam a sobrevivência do narrador como instância de interação entre diferentes gerações, consideradas como possíveis sujeitos de um processo de significação performativa, ao invés de objeto histórico de uma pedagogia nacionalista. Não se trata, portanto, da generalização de uma modalidade de saber ou da homogeneização implícita da experiência, em busca da coesão unificadora das forças discursivas em jogo na narrativa da nação, como pretendido pelo projeto de 1930. Ao contrário, o que interessa é o estranhamento das representações do nacional dele derivadas, por meio da introdução da "individualidade" da nação, isto é, do deslocamento dos conteúdos sociais e culturais a ela consignados como um todo pelo discurso histórico.

A subjetividade própria ao texto memorialístico exerce, no caso, a função de desregular o tempo autogerador da nação, segmentando-o a ponto de reduzi-lo aos rastros da experiência individual e social rememorada. Como observa Paul Ricouer, rastros são vestígios de passagens, mas que permanecem como restos que remetem a dois registros temporais heterogêneos. Por um lado, para poder funcionar como substituto, um rastro deve ser um sinal deixado por alguma coisa, sendo algo presente cujo contexto passado não existe mais; por outro, o rastro existe apenas para quem considera tal sinal como signo presente de uma coisa ausente, como vestígio de uma passagem que também não existe mais. Seguir um rastro – ou escrever memórias – significa efetuar a mediação entre o *não mais* da passagem e o *ainda* do signo: o passado não é só negativamente o que acabou, mas o que foi e que, por ter sido, é preservado no presente[42].

A experiência do tempo do signo, tal como configurada no texto memorialístico, apresenta uma alternativa diferenciada para escrever, em termos literários, a nação. A eficácia da escrita não depende, é claro, da sua coincidência com o modelo narrativo construído pela história nacional, mas antes das possibilidades que deixa em aberto para estar sempre articulando as novas relações significantes da nação – fiel ao seu sentido etimológico de *natio*, nascer. No poema "Chamado Geral", de Drummond, o apelo a um novo nascimento faz-se ouvir por meio de uma convocação "corográfica":

> Onças, veados, capivaras, pacas, tamanduás da
> [corografia do Padre Ângelo de 1881, cutias, quatis,
> [raposas, preguiças, papaméis, onde estais que vos escondeis?
> Mutuns, jacus, jacutingas, siriemas, araras, papagaios,
> [periquitos, tuins, que não vejo nem ouço, para onde
> [voastes que vos dispersastes?
> Inhapins, gaturamos, papa-arrozes, curiós, pintassilgos
> [de silva amena, onde tanto se oculta vosso canto, e eu
> [aqui sem acalanto?
> Vinde feras e vinde pássaros, restaurar em sua terra este
> [habitante sem raízes,
> que busca no vazio sem vaso os comprovantes de sua
> [essência rupestre[43].

O movimento do poema é duplo e ambivalente: o chamado que busca integrar o habitante sem raízes em sua terra natal reafirma a condição de exílio do sujeito – "vazio sem vaso"; a enumeração de animais e pássaros, muitos deles extintos ou em vias de extinção, nega a possibilidade de comprovação de uma natureza primeira ou de uma essência nativa, uma vez que já é um registro de segundo grau, como um suplemento de uma corografia anterior – a natureza aparece irremediavelmente transfigurada pela cultura. Pode-se dizer que uma sorte de catástrofe ecológica do sentido, possível de ser detectada na carência de significado para o leitor atual de muitos dos nomes enumerados, alegoriza a impossibilidade de instauração de uma comunidade imaginada que mantenha, na unidade, seus traços diferenciais.

Mas as imagens de ruína e dispersão, ao darem "uma nova beleza ao que está desaparecendo"[44], alargam as potencialidades da "natureza" do texto, então percebido como uma coleção de cacos sonoros em busca de um leitor que saiba ouvir e entender seu rumor significante. A conexão dos restos do que poderia ter sido e não foi – "poesia do reesvaziado"[45], no dizer de Guimarães Rosa ao referir-se a Minas Gerais – avança no sentido de poder constituir um mundo efetivo do agir compartilhado: limite e limiar da nação.

1998

Sem Pátria

Por que a república brasileira não dá certo? Essa é a pergunta cuja resposta se desdobra, sub-reptícia, na "Pequena História da República", escrita por Graciliano Ramos em 1940. Em sucintos blocos narrativos, o texto dirige-se ao público infanto-juvenil, como uma espécie de suplemento irônico à literatura até então produzida para "desenvolver entre a população infantil o sentimento do patriotismo"[1]. A aparente banalidade do texto, por certo marginal no conjunto da obra do autor, não impede que o mesmo aponte para questões relevantes acerca dos impasses da nossa "pequena" república. Bastam como exemplo os segmentos iniciais, não sem malícia intitulados "As Coisas" e "Os Homens", pois dão o tom geral da narrativa, que se conclui com "1930".

Desde o começo – do texto, da república –, parece que vai ficando claro para o leitor a natureza redutora e a ambiguidade da expressão *res publica*, ao ser desmembrada e traduzida por "coisas" e "homens". No primeiro caso, o termo remete às marcas de uma modernização meio desajeitada, emblematizada por uma espécie de enumeração negativa, feita pelo contraste entre o que foi e o que é.

Em 1889, o Brasil se diferenciava muito do que é hoje: não possuíamos Cinelândia nem arranha-céus; os bondes eram puxados por burros e ninguém rodava em automóvel; o rádio não anunciava o encontro do Flamengo com o Vasco, porque nos faltavam rádio, Vasco e Flamengo; na estrada de ferro Central do Brasil morria pouca gente, pois os homens, escassos, viajavam com moderação; existia o morro do Castelo, e Rio Branco não era uma avenida – era um barão, filho de visconde. O visconde tinha sido ministro e o barão foi ministro depois. Se eles não se chamassem Rio Branco, a avenida teria outro nome[2].

No outro caso, o dos "homens", faz-se um ligeiro retrospecto do Império sob D. Pedro II, para concluir que "homens novos semeavam ideias novas e abundantes promessas. A multidão bocejava. Não lhe seria desagradável experimentar mudanças"[3]. Entre a passividade e a "Conspiração" (título de outro segmento), a república acaba por se implantar, dando lugar ao desfile repetitivo de nomes de presidentes e episódios históricos. A população marca presença pela sua ausência como personagem da história.

O texto circunstancial não deixa de confirmar o lugar protagônico assumido pelo escritor na representação da *res publica*, no contexto do que Ángel Rama chamou de "cidade letrada", espaço em que a política se extingue na intermediação que os intelectuais monopolizam ao advogarem a favor dos subalternos. Nesse sentido, a literatura oferece um diagnóstico específico da realidade ao criar um lugar de legitimação da identidade nacional, na maioria das vezes totalizante. No caso de Graciliano Ramos, esse lugar é ocupado não sem grande desconforto, porque busca dar visibilidade a um vazio, sabendo de antemão o que a tarefa tem de contraditória. Dessa perspectiva, sua obra apresenta uma via alternativa – ou enviesada, se quiserem – para a interpretação do Brasil com base na literatura, o que para o escritor coloca de saída a questão da língua.

Em carta à esposa, Heloísa Medeiros Ramos, escrita em 1º de novembro de 1932, Graciliano refere-se ao processo minucioso de construção do segundo romance, destacando o trabalho com a linguagem:

O *S. Bernardo* está pronto, mas foi escrito quase todo em português, como você viu. Agora está sendo traduzido para brasileiro, um brasileiro encren-

NAÇÕES LITERÁRIAS

cado, muito diferente desse que aparece nos livros da gente da cidade, um brasileiro de matuto, com uma quantidade enorme de expressões inéditas, belezas que eu mesmo nem suspeitava que existissem. Além do que eu conhecia, andei a procurar muitas locuções que vou passando para o papel. O velho Sebastião, Otávio, Chico e José Leite me servem de dicionários. O resultado é que a coisa tem períodos absolutamente incompreensíveis para a gente letrada do asfalto e dos cafés. Sendo publicada, servirá muito para a formação, ou antes para a fixação, da língua nacional. Quem sabe se daqui a trezentos anos eu não serei um clássico?[4]

A questão da língua, crucial para se determinar a posição da obra de Graciliano em relação à de seus contemporâneos e à tradição literária brasileira, recebe tratamento decisivo em S. Bernardo. A contrapelo da "contribuição milionária de todos os erros", apregoada por Oswald de Andrade e seus companheiros da geração de 1922, Graciliano submete a língua oral aos rigores da norma gramatical e a uma requintada reelaboração, nesse ponto distanciando-se também de seus contemporâneos regionalistas. O resultado é uma dicção clássica, ao mesmo tempo que experimental, como apontou Otto Maria Carpeaux[5]. Silviano Santiago, ao debater o assunto, ressalta a linguagem peculiar do escritor alagoano: a construção límpida da frase não se coaduna com a lógica combinatória que rege sua articulação – "Graciliano Ramos requer já, como todo bom modernista, a presença do leitor para a compreensão da obra, estabelecendo os nexos de causalidade lógica". Ou nas palavras de Antonio Candido, "o classicismo de uma frase clara [está] dentro de um contexto que não é mais clássico, porque é montado de tal maneira que requer a colaboração de um leitor para ser compreendido direito"[6].

A configuração da língua nacional seria, portanto, fruto de uma articulação dialógica, para não dizer conflitiva, que as posições de escritor e leitor traduzem à sua maneira. S. Bernardo tematiza esse conflito desde os capítulos iniciais, que tratam da divisão do trabalho de redação do livro segundo competências "linguísticas" distintas, logo atropeladas e descartadas pelo mandonismo de Paulo Honório.

A *propriedade* do discurso do latifundiário reside nesse ato extremo de apropriar-se do discurso do outro e fazê-lo calar, o que será levado a efeito, de modo trágico, no casamento do fazendeiro com Madalena. Mas é a morte da esposa, ex-professorinha interiorana, que instila para sempre o veneno da dúvida e da diferença na linguagem da história que o personagem-narrador vai implacavelmente construindo, desnudando o monologismo que lhe é próprio.

Tratada com sobriedade estilística e desassombro, a reificação das relações privadas e sociais[7] é aspecto determinante da questão da propriedade, fundamental para a interpretação do país que o escritor delineia. Nesse aspecto, *S. Bernardo* dá forma mais precisa a certas indagações deixadas em aberto no romance de estreia, voltado para a indagação enviesada dos primórdios da nacionalidade. Como se sabe, *Caetés* narra o projeto, nunca concluído por João Valério, de escrever um romance histórico sobre a devoração do bispo Sardinha, signo da catequese e da colonização. A técnica do romance dentro do romance propicia, antes de mais nada, problematizar a escolha de Eça de Queirós como modelo de escrita realista e o tom sarcástico da crônica de costumes que o leitor logo detecta numa primeira leitura do livro.

A devoração "antropofágica" do escritor português supre, em certo sentido, o romance programado e nunca concluído – a narrativa de constituição da identidade nacional a partir da devoração do outro-colonizador pelo bárbaro caeté. Ao contrário do ocorrido em Alencar, que Graciliano lera na juventude, o índio é destituído da função de símbolo instituinte da nação e se transforma no personagem ausente de um romance não realizado, e de uma fundação que não chegou a se completar. Esse vazio da narrativa de fundação nacional, cuja inconclusão *Caetés* tão bem percebe, desvenda seus limites: o circunstancial, o inconcluso e o fragmentário que definem o desenredo da comunidade política brasileira e que será, também, o da própria história de João Valério: "É isto, um caeté. Esses desejos excessivos que desaparecem bruscamente... Esta inconstância que me faz doidejar em torno de um soneto incompleto, um artigo que se esquiva, um romance que não posso acabar..."[8]

A desagregação de Luís da Silva, personagem de *Angústia*, o terceiro romance, é ainda mais extrema e desesperadora. A abordagem da condição de intelectual pequeno-burguês do personagem – ao mesmo tempo necessário à manutenção da dinâmica das forças capitalistas e por elas desprezado – é um passo adiante na perquirição das contradições do país. O assassinato de Julião Tavares, representante do capitalismo triunfante do mundo urbano e rival de Luís da Silva no amor por Marina, é uma saída individual, fechada em si mesma. Levada ao máximo da "deformação expressionista", conforme observa Antonio Candido[9], a sondagem psicológica requer do ficcionista a radicalização da técnica do monólogo interior, para ir mais fundo na dialética do "sentimento de intrusão-rejeição"[10], experimentado pelo personagem-narrador como impulso e obstáculo à sua atuação social e política.

Três histórias de amor fracassado, três ângulos distintos de investigação de subjetividades em crise, emblemáticos a seu modo da complexidade do jogo de forças ideológicas em curso no período. Estava traçado o perfil artístico e intelectual do escritor, constituía-se uma visão literária nova, orientada para a tarefa de desconstruir as diretrizes e os valores do mundo administrado que o processo de modernização brasileira começava a implantar no país. No horizonte de um mundo assim desencantado, novas exigências impunham-se ao artista. Como diz Alfredo Bosi:

> Não cabia na consciência de Graciliano, nem no melhor romance de 30-40, tematizar as conquistas da técnica moderna ou entoar os ritos de um Brasil selvagem. O mundo da experiência sertaneja ficava muito aquém da indústria e dos seus encantos; por outro lado, sofria de contradições cada vez mais agudas que não se podiam exprimir na mitologia tupi, pois exigiam formas de dicção mais chegadas a uma sóbria e vigilante mimese crítica[11].

A publicação de *Angústia* em 1936, com o escritor na prisão, é o resultado concreto dessa vigilância. Mas antes Graciliano é nomeado diretor da Instrução Pública de Alagoas, cargo em que permanece de janeiro de 1933 a março de 1936, quando é preso. São mais de três anos de dedicação a mudanças na área educacional. A simpatia pela Aliança Nacional Libertadora (ANL) e a tomada de decisões, no trabalho, contrárias a interesses particulares e políticos contribuem para levá-lo ao cárcere, denunciado pelo general Newton Cavalcanti, amigo do integralista Plínio Salgado. Sem processo e sem acusação formal, é embarcado de início para Recife e de lá para o Rio de Janeiro, no porão do navio Manaus. Da capital é mandado para a Colônia Correcional de Dois Rios, na Ilha Grande, depois volta para a cidade, onde permanece na Casa de Detenção, na rua Frei Caneca. Em 13 de janeiro de 1937 é libertado. Mora pouco tempo na casa de José Lins do Rego, transfere-se depois para uma pensão no Catete, fixando-se definitivamente no Rio de Janeiro. Já é um escritor famoso, reconhecido pela melhor crítica da época.

A experiência da cadeia, que será relatada em *Memórias do Cárcere*, publicação póstuma de 1953, é decisiva para a mudança de rumos na vida e na obra do autor, ambas firmemente indissociadas. Essa experiência é determinante, sem dúvida, para seu direcionamento à autobiografia, atitude coerente com a natureza de testemunho vivencial que distingue os narradores dos textos de ficção em primeira pessoa. Como demonstrou Antonio Candido, no caso de Graciliano Ramos, "a necessidade de expressão se transfere, a certa altura, do romance para a confissão, como consequência de marcha progressiva e irreversível, graças à qual o desejo básico de criação permanece íntegro, e a obra resultante é uma unidade solidária"[12].

O texto autobiográfico, ao dar forma a essa "necessidade de expressão", é o caminho mais curto, não o menos complexo, para Graciliano acercar-se das razões psicológicas e sociais da sua condição de escritor, no momento em que esta é radicalmente posta à prova: "A cadeia não é um brinquedo literário. Obtemos informações lá fora, lemos em excesso, mas os autores que nos guiam não jejuaram, não sufocaram numa tábua suja, meio doidos. Raciocinam bem, tudo certo. Que adianta? Impossível conceber o sofrimento alheio se não sofremos"[13].

A autobiografia desempenharia, dentre outras, a função de urdir os pontos de intersecção da experiência pessoal e da experiência política, acrescentando novos dados àqueles já descortinados pelos romances, agora da perspectiva mais incisiva de avaliação das relações sociais e de poder, no quadro das transformações provocadas pelo Estado Novo. Para tanto, contribuiu a elaboração lenta e contínua das memórias, trabalho que durou vários anos e permitiu que sua escrita fosse avançando cada vez mais na tarefa de desvendamento do país e da precariedade do tecido constitutivo de suas relações de cidadania.

Em certo sentido, a publicação de *Infância* em 1945 confirma esse processo. As memórias narram as vicissitudes da criança (sertaneja), a dura aprendizagem da norma familiar e da lei social como instâncias privilegiadas da opressão – "Eu vivia numa grande cadeia. Não, vivia numa cadeia pequena, como papagaio amarrado na gaiola"[14]. A *metáfora da prisão* como instrumento de leitura da realidade (brasileira) já se encontra aí incisivamente delineada, considerando-se o que *Vidas Secas* representa para sua constituição, como veremos adiante. Do ponto de vista do escritor enquanto artista, essa metáfora supõe desde logo o confronto com a linguagem, no que ela tem de cerceadora da expressão e, paradoxalmente, da liberdade que o uso irônico de seus recursos permite alcançar, como aprende o menino. Ou como assinala o adulto nas *Memórias do Cárcere*: "Liberdade completa ninguém desfruta: começamos oprimidos pela sintaxe e acabamos às voltas com a delegacia de ordem política e social, mas, nos estreitos limites a que nos coagem a gramática e a lei, ainda nos podemos mexer"[15].

O *locus* de enunciação define também as contradições da atuação intelectual e política do escritor. Ao sair da prisão em 1937, Graciliano Ramos inscreve *A Terra dos Meninos Pelados*, uma pequena "fábula" sobre a tolerância à diferença, em concurso promovido pelo Departamento de Imprensa e Propaganda (DIP), órgão do governo encarregado de difundir a imagem do Estado Novo e instância censória da atividáde cultural. Para sobreviver, aí trabalha como copidesque, além de fiscal de ensino, cargo para o qual é nomeado. Publica regularmente, de abril de 1941 a agosto de 1944, textos na revista *Cultura Política*, do DIP, e em *Atlântico*, revista luso-brasileira que este coedita com o departamento de informação salazarista. Reunidos postumamente em *Linhas Tortas* e *Viventes das Alagoas*, esses textos são, em sua maioria, "quadros e costumes do Nordeste" e, como tais, componentes do projeto ideológico estado-novista de integração nacional através da cultura.

A forçada cooptação do escritor acrescenta mais um traço àquela metáfora da prisão, um traço ambíguo sem dúvida, se se pensa ainda que Graciliano Ramos passa a fazer parte do Partido Comunista Brasileiro em 1945, e nele atua como militante até a morte, em 20 de março de 1953. Mas a relação com o partido não é sempre tranquila. Se, por um lado, Graciliano segue a linha do PCB ao assumir a presidência da Associação Brasileira de Escritores (ABDE) em 1951, por outro, nega-se a seguir a orientação zhdanovista para as artes e a literatura, bem como a submeter à censura partidária os originais das *Memórias do cárcere*. De qualquer forma, a situação contraditória não é escamoteada e recebe do autor o tratamento franco que merece, do qual nasce uma conclusão "generalizadora".

Se o capitalista fosse um bruto, eu o toleraria. Aflige-me é perceber nele uma inteligência, uma inteligência safada que aluga outras inteligências canalhas. Esforço-me por alinhavar a prosa lenta, sairá daí um lucro, embora escasso – e este lucro fortalecerá pessoas que tentam oprimir-me. É o que me atormenta. Não é o fato de ser oprimido: é saber que a opressão se erigiu em sistema[16].

A consciência nítida desse sistema já estava, por certo, radicada na mente de Graciliano quando ele compôs *Vidas Secas*, livro que é uma espécie de mediação ou passagem dos romances em primeira pessoa para os textos autobiográficos, mantida a natureza serial da sua obra, vista em conjunto. Quando *Vidas Secas* foi publicado em 1938, logo chamou a atenção o fato de o livro ter sido escrito em terceira pessoa, ao contrário dos romances anteriores do autor. A mudança de foco narrativo, coerente com a matéria narrada, passou a ser uma preocupação constante nas leituras sobre a obra, dando origem a questões importantes para uma compreensão mais justa de seu significado. Álvaro Lins considerou a escolha do referido ponto de vista uma forma de identificação de Graciliano Ramos com a história de seus personagens, largados à própria sorte nos romances em primeira pessoa[17]; Antonio Candido viu nessa escolha um modo de soldar "no mesmo fluxo o mundo interior e o mundo exterior"[18], sem romper a verossimilhança da construção narrativa.

Na verdade, a escrita do texto colocava para o escritor, antes de tudo, um problema de ordem estrutural, cuja solução deveria levar em conta a exigência, que lhe era inerente, de articulação entre prática estética e prática política, mantida a especificidade de cada uma delas. Descartado o caminho da certificação objetiva e totalizadora, próprio à análise sociológica, Graciliano opta por uma situação narrativa que se define pelo movimento de aproximação e distanciamento da substância sensível da realidade retratada, como forma de solidarizar-se com Fabiano, sinha Vitória, Baleia e os meninos e, ao mesmo tempo, sustentar uma posição crítica rigorosa ante a "desgraça irremediável que os açoita"[19]. Relativiza, assim, a onisciência da terceira pessoa e reconstitui, pela via literária, o hiato entre seu saber de intelectual e a indigência dos retirantes – alteridade que buscou compreender pelo exercício artístico da palavra enxuta e medida.

Com a cautela de quem não se permite explicitar significados ou avançar conclusões[20], o narrador condiciona a narração à expectativa dos personagens, através do uso intensivo do discurso indireto livre[21], que dá forma à sondagem interior pretendida e singulariza os destinos representados. Mais uma vez, um recurso técnico sabiamente escolhido marca a natureza diferencial do texto de Graciliano, pelo modo peculiar com que opera o transcurso do singular ao geral, do particular ao universal. Em carta à esposa, Heloísa Ramos, em maio de 1937, a intenção que norteia esse procedimento torna-se clara:

Escrevi um conto sobre a morte duma cachorra, um troço difícil, como você vê: procurei adivinhar o que se passa na alma duma cachorra. Será que há mesmo alma em cachorro? Não me importo. O meu bicho morre desejando acordar num mundo cheio de preás. Exatamente o que todos nós desejamos. A diferença é que eu quero que eles apareçam antes do sono, e padre Zé Leite pretende que eles nos venham em sonhos, mas no fundo todos somos como a minha Baleia e esperamos preás[22].

A capacidade de universalizar um dado particular – "todos somos como a minha Baleia..." – depende da mediação levada a efeito pela ficção ("procurei adivinhar..."), abrindo inesperadas possibilidades de acesso ao que a realidade significa. A tarefa do narrador "adivinho" encontra aí razão de ser e justificativa ética, uma vez que a mediação em curso no texto pauta-se por um regime de instabilidade e dúvida que traduz tanto a natureza da perspectiva narrativa adotada quanto as dificuldades que o narrador tem de enfrentar para acercar-se do estado de privação dos personagens. Esse "troço difícil" é, em vários sentidos, o motivo fundador do romance, o grande responsável pela sua originalidade.

Graciliano Ramos compõe *Vidas Secas* de maio a outubro de 1937, depois de dez meses e dez dias na prisão. Os capítulos são inicialmente publicados avulsos, como contos, até serem reunidos sob a forma do que Rubem Braga chamou de "romance desmontável". O primeiro a ser redigido foi "Baleia", a seguir "Sinha Vitória", "Cadeia" e os outros. Em carta a João Condé, datada de junho de 1944, o autor, após discordar da afirmação de Otávio de Faria de que o sertão já se esgotara enquanto motivo literário, expõe seu ponto de vista sobre a história de Fabiano:

> Fiz o livrinho, sem paisagens, sem diálogos. E sem amor. Nisso, pelo menos, ele deve ter alguma originalidade. Ausência de tabaréus bem falantes, queimadas, cheias, poentes vermelhos, namoro de caboclos. A minha gente, quase muda, vive numa casa velha de fazenda; as pessoas adultas, preocupadas com o estômago, não têm tempo de abraçar-se. Até a cachorra é uma criatura decente, porque na vizinhança não existem galãs caninos[23].

Uma poética da escassez e da negatividade enuncia-se aí como contraposição ao pitoresco, ao descritivismo e ao gosto retórico presentes na tradição do romance da seca, desde o naturalismo do século XIX até o regionalismo dos anos 1930. Além disso, oferece um ponto de fuga em relação à maioria dos textos literários que, no período, desempenhavam a função de "desvendamento social" do Brasil[24], na medida em que problematiza, com rigor incomum, pressupostos identitários de integração nacional por eles formulados. Para tanto, desfaz as certezas da terceira pessoa narrativa, descentrando sua onisciência, como vimos, e escolhe a forma descontínua como recurso de montagem textual, conforme observou Lúcia Miguel Pereira[25].

Embora uma "sequência temporal sutil"[26] dê unidade aos segmentos narrativos, a lógica espacial predomina sobre a cronologia. A justaposição desses segmentos relativamente autônomos mimetiza a visão desarticulada e desconexa que os personagens têm dos fatos vivenciados, revelando serem desprovidos da consciência capaz de dar a esses fatos sentido e significação. A ausência de marcas históricas no texto confirma a estrutura circular do romance e reforça a repetição cíclica dos episódios representados, como a sugerir que a história social brasileira não avança, "marca passo"[27].

A movimentação de Fabiano, sinha Vitória, Baleia e os meninos é sobretudo busca de garantia da vida biológica, análoga ao das aves que deram título provisório ao romance. Diz Graciliano Ramos ao poeta e militante comunista Octavio Dias Leite, em carta inédita de 3 de setembro de 1937, pouco antes de terminar o livro: "Estou horrivelmente ocupado, e a literatura nacional não consente que eu tome uma semana de férias. Preciso acabar as minhas *Cardinheiras*. Parece que vai ser esse o título do romance"[28]. A escolha inicial relaciona-se com a do outro título – *O Mundo Coberto de Penas* –, mantido até o momento das provas tipográficas, quando então é riscado para dar lugar ao definitivo *Vidas Secas*. Cardinheiras são as "arribações" que cobrem o mundo de penas, no duplo sentido da palavra, no penúltimo capítulo do livro. É um segmento importante da narrativa, por assinalar a desoladora possibilidade que os pássaros anunciam, e afinal se confirma, de nova estiagem, outra fuga dos retirantes.

As bichas excomungadas eram a causa da seca. Se pudesse matá-las, a seca se extinguiria. Mexeu-se com violência, carregou a espingarda furiosamente. A mão grossa, cabeluda, cheia de manchas e descascada, tremia sacudindo a vareta.

– Pestes.

Impossível dar cabo daquela praga. Estirou os olhos pela campina, achou-se isolado. Sozinho num mundo coberto de penas, de aves que iam comê-lo. Pensou na mulher e suspirou. Coitada de sinha Vitória, novamente nos descampados, transportando o baú de folha[29].

Da revolta à impotência e à solidão: o fragmento sintetiza a condição de sobrevivente de Fabiano, tangido pelo peso de uma dupla carga de opressão, a da miséria e a da impossibilidade de ser livre[30]. O mesmo fragmento resume também sua condição de *desterrado* no próprio país. O nomadismo forçado ressalta, pois, a falta de lugar geográfico, social e político de Fabiano, da mulher e dos filhos; não lugar cujo nome – "inferno" – o menino mais velho a duras penas consegue decifrar. O ato de nomeação do concreto pela metáfora iluminadora reitera a violência da socialização da criança sertaneja e, por extensão, o processo de incomunicação e errância a que estão submetidos os personagens. Ou nas palavras de Alfredo Bosi: "a barbárie que pulsa na assimetria de adulto e criança, de forte e fraco, e que está prestes a explodir a qualquer hora"[31].

Nesse sentido, a repetição do "signo motivado" – "Inferno, inferno"[32] – dissolve o frágil ponto de equilíbrio das pequenas coisas em torno, às quais a vivência mais íntima do menino emprestava um significado de encantamento a ser partilhado por todos os viventes, crucial para a constituição de sua subjetividade e para a integração familiar e social. A evocação quase mítica de um mundo desaparecido se dá no momento da sua desaparição:

Todos os lugares conhecidos eram bons: o chiqueiro das cabras, o curral, o barreiro, o pátio, o bebedouro – mundo onde existiam seres reais, a família do vaqueiro e os bichos da fazenda. Além havia uma serra distante e azulada, um monte que a cachorra visitava, caçando preás, veredas quase imperceptíveis na catinga, moitas e capões de mato, impenetráveis bancos de macambira – e aí fervilhava uma população de pedras vivas e plantas que procediam como gente. Esses mundos viviam em paz, às vezes desapareciam as fronteiras, habitantes dos dois lados entendiam-se perfeitamente e auxiliavam-se[33].

A violência do gesto materno reitera o isolamento e a mudez do filho – "Deu-se aquilo porque sinha Vitória não conversou um instante com o menino mais velho"[34] –, acentuando a hostilidade do meio externo e a ausência de um consenso intersubjetivo capaz de tornar o referente familiar, logo, compartilhável. O estranhamento do espaço rompe a possível identidade benéfica entre *terra* e *mãe*, ambas imagens contaminadas pelo significante maléfico: "Levantou-se. Via a janela da cozinha, o cocó de sinha Vitória, e isto lhe dava pensamentos maus"[35]. No filme de Nelson Pereira dos Santos, baseado no livro, a cena tem uma tradução visual expressiva: a câmara vai percorrendo todo o espaço circundante à medida que o menino repete a palavra antes indecifrada, localizando e ampliando seu significado.

A metáfora da prisão, já referida, remete aqui ao determinismo da terra, visto contudo pela óptica dos "meios de sociabilidade por demais toscos e insuficientes"[36], o que dificulta, para não dizer impossibilita, uma mudança efetiva na capacidade de percepção da realidade a partir da consciência da história da miséria, da servidão e do desterro. *Vidas Secas* realiza-se, portanto, na contracorrente dos discursos patrióticos de integração que o Estado Novo constrói à época, lançando sobre eles uma zona de sombra – ou claridade – que dá aos contornos da imagem dominante da pátria outro significado. Desfaz, assim, a ideia de "pátria mãe", comum no imaginário histórico nacional[37], pelo reforço dos traços da noção de *pátria madrasta*, nome impronunciável (ou proibido) da mãe-má, como intui o menino mais velho.

A imagem ocupa a atenção de Graciliano, seja pela caracterização que faz da mãe em *Infância* – "uma senhora enfezada, agressiva, ranzinza, sempre a mexer-se, bossas na cabeça mal protegida por um cabelinho ralo, boca má, olhos maus que em momentos de cólera se inflamavam com um brilho de loucura" –[38], seja pelo comentário que faz a Portinari, em carta de 15 de fevereiro de 1946:

> Dos quadros que v. me mostrou quando almocei em Cosme Velho pela última vez, o que mais me comoveu foi aquela mãe a segurar a criança morta. Saí de sua casa com um pensamento horrível: numa sociedade sem classes e sem miséria seria possível fazer-se aquilo? Numa vida tranquila e feliz, que espécie de arte surgiria? Chego a pensar que faríamos cromos, anjinhos cor--de-rosa, e isto me horroriza[39].

São as "deformações" levadas a efeito pelo escritor e pelo pintor – "Dizem que somos pessimistas e exibimos deformações", escreve na mesma carta – que dão o lastro artístico à interpretação do Brasil realizada por Graciliano em sua obra e que, em *Vidas Secas*, se configura pela forma peculiar de crítica a uma nação projetada na falta de um povo ainda por vir. Apesar dos esforços de preencher esse *espaço vazio*, recorrente na história nacional de distintas maneiras, o paradoxo persiste. É no âmbito da vivência mais íntima dos personagens, de seus parcos desejos e continuadas frustrações, que o romancista vai resgatar a utopia pelo paradoxo. É lá que ele reencontra a dor – "nossa velha amiga", diz ainda Graciliano a Portinari – enquanto ponto de partida para a fermentação de algo novo que se desenha no horizonte de sua gente – uma promessa de felicidade, uma esperança de liberdade ou a certeza da danação: "Chegariam a uma terra desconhecida e civilizada, ficariam presos nela. E o sertão continuaria a mandar gente para lá. O sertão mandaria para a cidade homens fortes, brutos, como Fabiano, sinha Vitória e os dois meninos".

2000

As Casas Assassinadas

A certa altura de *A Menina Morta*, romance que Cornélio Penna (1896-1958) publicou em 1954, o narrador refere-se ao proprietário da fazenda do Grotão, onde se desenrola a narrativa, como "um senhor feudal sul-americano"[1], para dizer da posição contrária do Comendador em relação ao progresso da Corte no Rio de Janeiro. A caracterização do Comendador como "sul-americano" surpreende e aumenta a carga enigmática de uma narrativa fundada no labirinto sem fim do signo romanesco e de suas múltiplas interpretações. Surpreende porque a narrativa se concentra nas peculiaridades do cotidiano de uma grande fazenda do Vale do Paraíba do Sul, provavelmente no período de 1867 a 1871[2], no auge da cultura do café. Salienta o embate surdo entre a casa-grande e a senzala, bem como entre os membros de cada um desses espaços, não do ponto de vista conciliador de um Gilberto Freyre, mas do que emerge como um violento dissenso "original", que a morte da pequena filha dos donos da fazenda põe a nu. Por que sul-americano e não apenas brasileiro, pergunta o leitor do livro? Uma possível resposta, oblíqua em sua formulação, talvez possa ser encontrada em outra parte do texto, quando a governanta alemã Frau Luiza lamenta a provação de ela, vinda da Europa, estar "perdida em certo rincão selvagem em plena América, nesse mundo ainda na infância, como ouvira dizer a respeitável conselheira de sua cidade natal"[3].

A perspectiva estrangeira, em sua generalização hierárquica e excludente, é incorporada, no entanto, ao dia a dia dos moradores da casa-grande, através da repetição de hábitos europeus e de normas rígidas de comportamento, em meio ao isolamento em relação ao grande número de escravos que, do eito, fazem a máquina cafeeira funcionar. Algo parece estar mesmo "fora do lugar", como revela a sensação constante dos personagens de não pertencerem de todo ao espaço de enclausuramento que lhes é dado habitar. Estão todos fora do lugar ou no lugar que a exigência da norma estrangeira impõe para a manutenção da ordem econômica liberal que o sistema escravocrata, próprio ao capitalismo primitivo de exploração, serve paradoxalmente de sustentação do lado de cá dos trópicos.

Essa contradição interna ao sistema, que a narrativa busca representar pela leitura do desejo (fantasmático) da família no código da nação, talvez acrescente um dado suplementar ao entendimento da referência ao "sul-americano" e à barbárie ou "infância" da América, embora não resolva de todo o enigma. O romance parece estar dizendo que a criação de um ser social brasileiro (ou sul-americano) está comprometida, desde os primórdios do que se poderia chamar de nacionalidade, com um apego histriônico à norma[4] e com a incapacidade de formular interesses comuns a serem compartilhados no espaço público. A ausência de legitimidade da lei – que o Comendador encarna perversamente, enquanto *pater familias*, sob a forma do tirano – impede a fundação de uma comunidade imaginada efetiva, cuja impossibilidade a fazenda do Grotão alegoriza como a fantasmagoria de uma falta que não cessa de se inscrever no tecido social e na cena do texto. Senhores e escravos constituem um solo histórico dilacerado por lutas intestinas sem fim e que, por isso mesmo – mais outro paradoxo –, permanece aberto a uma compreensão pragmática da vida social e à inconclusão inerente ao álibi do país do futuro,

NAÇÕES LITERÁRIAS

onde em algum momento que não se sabe quando os excluídos poderão ter lugar.

A hipótese, por demais otimista para um livro que se afirma pela negatividade desde o título, não deixa de apresentar uma orientação esclarecedora para sua leitura. A atitude extremamente vacilante do narrador, arcaica e primitiva em suas hesitações, no seu ir e vir deslizante em direção ao sentido, mimetiza os deslocamentos sutis – e inúteis – dos personagens em torno do fantasma da menina morta, bem como empresta à narrativa um tom balbuciante, que se demonstra quase infantil no ato de nomear figuras significativas da história que se quer contar. É o caso da repetição constante do apelativo Nhanhã, como a Menina e Carlota são chamadas pelos escravos, ou de Dadade, antiga escrava vinda da fazenda Canaã e que depois de morta é nomeada por seu nome próprio, Felicidade, como a afirmar pela sua perda definitiva a existência de um paraíso perdido.

É o balbucio que não faz sentido, ou cujo sentido aparece a meio caminho do seu desvelamento, que indicia a falência de um projeto de fundação nacional, semelhante à aparição incorpórea de um defunto: falta do devir, do que virá e não vem, permanecendo como promessa não cumprida – a *menina morta*. Restaria a memória do que poderia ter sido e que, por falta de história, caberia à ficção inventar. Duas questões se colocam. Uma, diz respeito à aludida hesitação do narrador, que é também hesitação em recordar, ou melhor, em esquecer. Sem o corte com o passado, sem o limite que a ele impõe a lembrança, não há o que apagar, não há como avançar – na vida, no texto. A cisão entre a casa-grande e a senzala permanece intacta: o escravo continua completamente desconhecido, o que torna impossível esquecê-lo, ou melhor, libertá-lo de vez. A segunda questão proposta nasce daí. Esse saber do não conhecido, do não representado, do desfigurado – que a história da escrava sem rosto enuncia em sua irredutibilidade e invisibilidade – poderia ser o motor da *ficção do outro*, cuja heterogeneidade caberia trazer à cena textual. Mas, como narrar histórias de família que parecem permanecer, silenciosas como um amuleto, apenas na memória (desautorizada) das escravas? Como narrar o que não tem rosto nem língua comum e, por essa razão, nega-se a ser representável em seu horror enquanto acontecimento insepulto?

A casa da fazenda do Grotão tem, nesse caso, função exponencial na arquitetura do romance e expressa, à sua maneira, os fantasmas que o habitam. Dentro da casa, os quartos permanecem hermeticamente fechados àqueles que não os ocupam, sugerindo descontinuidade espacial e impossibilidade de livre circulação, equivalente à falta ou dificuldade de comunicação, que, na narrativa, se atualiza pela porta trancada que impede o trânsito entre os quartos de Virgínia e Celestina, duas agregadas da fazenda: "Ela [Virgínia] fizera questão de manter sempre trancada a porta que separava os dois cômodos e a moça sentia com tristeza aquela barreira intransponível que a isolava ainda mais do mundo"[5].

Assim como as portas trancadas denunciam o isolamento dos personagens dentro da casa, o rio entre o Grotão e Porto Novo, "com suas águas lodosas e hostis"[6], encerra qualquer possibilidade de comunicação tanto espacial quanto individual. O espaço adquire uma forma afunilada, que vai da amplitude ao fechamento: a Corte, Porto Novo, a fazenda, a casa, a sala, os quartos. Essa hierarquização do espaço reflete-se, por exemplo, na sala de jantar, local a que todos os moradores têm acesso. Mas a rigorosa distribuição dos lugares à mesa é um prolongamento da descontinuidade espacial e do interdito ao contato e à comunicação.

A casa-grande do Grotão é a metáfora espacial da morte. Na feitura do esquife da Menina, evidencia-se a contiguidade entre o caixão e a casa. José Carapina contrapõe sua antiga facilidade de dominar as árvores gigantescas que serviram para construir a casa à sua dificuldade no manuseio das tábuas empregadas na feitura do caixão: seu ato é acompanhado da sensação de estar perpetrando um crime, ao imobilizar violentamente a Menina em um espaço fechado como a casa, cujos cômodos estão "agora sinistros, desmedidos, e também mortos sem remédio"[7].

A posição flutuante dos termos morte e vida – reforçada pela imagem do "berço fechado"[8] – instaura um clima fantasmagórico, como se assistíssemos a um teatro de sombras. Nele, quartos e salas funcionam como bastidores e palcos. O palco principal é a sala de jantar, pois nela se concentram os elementos propulsores da encenação: o ponto de reunião dos vários personagens e a vigilância interditora de uns sobre os outros, a necessidade que têm de manter uma postura histriônica, que mascare o descontrole das emoções e dos sentimentos individuais. É durante o jantar que o Comendador pressente que "se tivesse fechado os olhos por alguns instantes, quando os abrisse julgaria estar nos teatros lá longe na Corte, onde as cenas mudavam nos minutos de intervalo"[9]. Na sala da capela, Celestina sente-se desempenhando um papel já muito ensaiado; na sala de costura, sinhá Rola considera as inquietações de Frau Luiza um espetáculo mal ensaiado; na sala de visitas, o Comendador e a Condessa medem suas forças diante de um atento auditório.

O espaço das salas – em princípio, lugar de convívio – consubstancia a rivalidade, a hostilidade e o medo, gerados e mantidos pela interdição que engendra a representação dos personagens e do texto como narrativa. O esforço teatral exigido nas salas faz com que as emoções latentes aflorem com intensidade na solidão dos quartos. As cortinas e os cortinados reiteram a subdivisão da casa em palco e bastidores. Cerrá-los, assim com às portas, é dar por terminada mais uma representação – o palco por ora resta vazio – e iniciar o doloroso balanço nos bastidores. A posição de morta que Carlota assume ao deitar-se reflete, invertendo o palco, o que nele se tenta tão ciosamente camuflar: a imobilidade sem sua forma extrema, a morte: "E quando se viu sozinha, fechou a porta com o trinco, despiu-se febrilmente e deitou-se, à espera do início da longa e grave doença... Não se levantaria mais, pensou, e foi com mortal alívio que estendeu os pés, apoiou a cabeça no travesseiro e cruzou as mãos sobre o peito"[10].

Teatro e também labirinto configuram o espaço do Grotão. Logo após a morte da menina, durante o velório, o administrador português é obrigado a penetrar pela primeira vez na parte mais íntima da casa, para atender a um chamado do Comendador: "O Sr. Justino, diante da porta do quarto de vestir dos senhores, parou e despediu com aspereza a pretinha que tomara como guia, pois perder-se na confusão de entradas de salas e corredores daquela casa que lhe parecera sempre um palácio encantado e proibido"[11].

O labirinto é uma encruzilhada de caminhos, muitos dos quais sem saída, que constituem armadilhas de onde não é possível escapar senão pela descoberta da rota que conduz ao seu centro. O traçado complexo do labirinto visa circunscrever, no menor espaço possível, uma variedade de percursos (de sentidos do texto?), para assim retardar a chegada, de quem por ele transita, ao ponto almejado. A forma do labirinto – círculos concêntricos interrompidos em certos pontos, de modo a formar um trajeto bizarro e inextricável – é semelhante à disposição espacial de *A Menina Morta*: um espaço externo (a Corte) que circunda um espaço interno ou central (Grotão) que, por sua vez, se subdivide em espaço aberto (fora da casa) e espaço fechado (dentro da casa), sendo o ponto máximo de fechamento os quartos.

Ao se lançar em busca da solução do enigma que a circunda e oprime, Carlota deve superar certos obstáculos. Se no início se sente "estranha em sua própria casa"[12], ameaçada até mesmo pelos objetos que a cercam, no final, "refugiada no silêncio, como a única solidão possível, ela compreendia [...] a linguagem de sua casa e dos objetos que a compunham, na impossível reconciliação consigo mesma, na transposição de seu eu diante da eternidade de Deus"[13]. Compreensão, paradoxalmente, como conhecimento da casa como *prisão* e, em última instância, metonímia da *nação*:

> Tateando, as mãos estendidas, [Carlota] foi até a porta do alpendre e mediante penoso esforço conseguiu fazer correr as pesadas corrediças que a fechavam, mas teve ainda de tirar a barra de ferro que fixava as duas portas, como se fosse a paterna de uma prisão. Era porém para proteger os moradores da casa contra... contra quem? Interrogou-se, sem poder conter o sentimento de aviltamento que a fazia pender a cabeça[14].

NAÇÕES LITERÁRIAS

Prisão, enfim, como a Nau dos Loucos a que se refere Michel Foucault em *A História da Loucura na Idade Clássica*[15]. Seu aparecimento se dá na paisagem imaginária da Renascença, onde ocupa lugar de destaque. Essas naus, que tiveram existência real, além do sentido de utilidade social ou segurança dos cidadãos, adquirem o sentido altamente simbólico de insanos em busca da razão. Água e loucura estão ligadas ao pensamento do homem europeu, bem como entre os místicos do século XV – "a alma-barca abandonada no mar infinito dos desejos, no campo estéril das preocupações e da ignorância, entre os falsos reflexos do saber, no meio do desatino do mundo" – ou, no final do século XVI, quando De Lancre vê no mar a origem da vocação demoníaca de um povo, a perda da fé em deus e a entrega ao diabo. Ou nas palavras do narrador de *A Menina Morta*:

> Pairava sobre o Grotão inexplicável magia, uma presença indefinível de incerteza e de fuga. Parecia terem seus moradores pressentido a proximidade do advento de alguma desgraça, e toda a imensa extensão de terra se transformara em grande mar profundo, de águas traiçoeiras, sobre as quais a fazenda flutuava vacilante e abandonada, sem rumo certo, arrastada por suas ondas negras[16].

Dessa forma, a ficção de Cornélio Penna nega-se a cumprir o papel mediador que lhe caberia: o de dar forma à relação entre conhecimento e poder, no que diz respeito à temática que acolhe, bem como em relação às circunstâncias históricas que a constrangem e, ao mesmo tempo, ampliam sua repercussão significante. Assume a vertigem da descontinuidade e da rarefação narrativa, opta pelas cenas dramáticas relativamente autônomas em sua fragmentação, arrisca-se ao inacabamento de histórias emperradas, fruto de uma memória obtusa que, na sua falta de nitidez, assinala o paradoxo *literário* de narrar a nação pela sua impossibilidade de fundação política. Salienta mais do que preenche a fissura narrativa entre impulso modernizante e herança do passado, ao rasurar o valor do moderno pela assombração do passado que teima em não ir embora e permanece como uma "escondida presença", para usar um oxímoro do escritor.

73

Se *A Menina Morta* retrata "o passado da gente brasileira da fase da defrontação dos adventícios, onde deitaria raízes o espírito nacional em processo de definição"[17], a *Crônica da Casa Assassinada* (1959), de Lúcio Cardoso (1913-1968), é a resultante levada ao extremo dos descaminhos desse processo. Dessa vez, o palco da trama narrativa é a Chácara dos Meneses, sendo Nina a protagonista que intervém no espaço da casa como *estrangeira*, marginal pela violenta disputa erótica que desencadeia na família e que assume, com André, a forma do incesto. Mas é através da doença que levará Nina à morte que se acentua o processo de desagregação psíquica e social dos personagens. O mau cheiro que o corpo da doente passa a exalar é o índice mais forte da flutuação dos signos de vida e morte, sanidade e loucura. Comparem-se os dois trechos da narrativa em que o médico descreve, respectivamente, a casa e Nina:

[...] há muito pressentia um mal qualquer devorando os alicerces da casa [...] como um corpo gangrenado que se abre ao fluxo dos próprios venenos que traz no sangue [...] gangrena, carne desfeita, arroxeada e sem serventia, por onde o sangue já não circula, e a força se esvai, delatando a pobreza do tecido e essa eloquente miséria da carne humana[18].

[...] o mal, indiferente, ia se alastrando pela sua carne, e abrindo pequenas ilhas róseas, e canais escuros, e veias que se levantavam intumescidas, e roxas áreas de longos e caprichosos desenhos, toda uma geografia enfim da destruição lenta e sem remédio[19].

A relação intercambiável dos termos que descrevem tanto a casa quanto a enferma permite destacar a conjunção significante entre o corpo da casa e o corpo de Nina, que remetem ao estado agônico do *corpo social*. A presença do corpo de Nina em decomposição é o fermento da desordem que abole as fronteiras e os limites entre os seres e as coisas, instaurando a continuidade que confina com o caos a loucura e a morte. Vale notar que o contato com Timóteo – trancado sempre no quarto com as roupas e joias da mãe – deve ser evitado, pois ele é tido como demente, logo, como portador de uma doença contagiosa. Associado ao andrógino, une o masculino e o feminino, o alto e o baixo, o interior e o exterior, a luz e a treva, podendo simbolizar a indiferenciação original e a ambivalência, o caos primitivo anterior às separações criadoras.

É essa zona arcaica – que a casa em ruínas encarna em toda sua extensão – o espaço onde as projeções especulares, a sexualidade e a religiosidade se articulam. A experiência interna do erotismo requer, da parte de quem a realiza, uma sensibilidade tão grande para a angústia que funda o interdito quanto a do desejo que leva a transgredi-lo. Essa sensibilidade religiosa une estreitamente desejo e temor, prazer intenso e desespero[20], sempre presentes na relação entre Nina e André, não importando, no caso, que o texto termine por desmentir o incesto, no entanto vivenciado pelos dois como tal.

Mais uma vez, para retratar a situação da casa, a água é o signo determinante, considerada a relação entre amor e morte da perspectiva da loucura. Um dos encontros de Nina e André se realiza à beira de uma fonte de águas escuras, iluminadas pela claridade cor de leite da lua, pela estátua de uma cegonha e pela aliança na mão de Nina. A continuidade entre nascimento e morte que o ato sexual significa para André estabelece um círculo concêntrico – na verdade, emblema da casa – que superpõe passado e futuro, mas como se aquele anulasse este.

Nas vésperas da morte de Nina, André recorda-se desse encontro e reitera a imagem da água, como elemento de ligação que confirma e dissolve a união de ambos.

Como sob efeito de uma droga, eu olhava para os lados e via escorrer essa presença dos móveis, da cama, das janelas, dos cortinados, como fios baixos, ligeiros córregos de luto, depois em fontes que iam subindo, solenes e fartas, enovelando-se ao longo das cortinas, unindo-se a todas as águas presentes e compondo, afinal, o rio único de lembranças e de vivências que agora ia desaguar no imenso estuário do nada[21].

No retorno à origem de André, o futuro prevalece como confusão entre o eu e o outro – "vazio absoluto"[22]. A ausência de distinção identitária promove a proliferação de imagens e duplos especulares, transformando a vida na Chácara numa realidade alucinada, histriônica, teatral. Ana e Nina são duplos unidos pela *sombra* de Alberto. Enquanto a primeira conserva o quarto de Alberto no espaço sagrado do desejo nunca realizado, vivido de modo fantasmático, a segunda busca, na sua paixão pelo *corpo vivo* de André, a ressurreição impossível do corpo morto de Alberto. Timóteo, por sua vez, debruçado sobre si mesmo "como alguém que do alto procura no fundo de um poço um objeto perdido"[23], identifica-se com Nina na disputa pelo amor de Alberto. No momento do velório de Nina, as imagens de André e Alberto se superpõem, apresentando-se para Timóteo como fantasma do morto. Valdo e Demétrio, enfim, lutam pelos despojos de Nina como se disputassem o cadáver da casa, ruína da metáfora da nação que poderia ter sido e não foi.

Fecha-se o círculo. Em ambos os livros, publicados na década de 1950, em pleno surto de acelerada modernização e inovação artística, os fantasmas que rodeiam esse processo trazem à cena um outro ritmo temporal e tomam corpo literário, abrindo-se ao movimento interminável de diferença, rasura e vertigem que constitui um imaginário nacional outro e indecidível. Não é por acaso que, se projetados sobre a mais espetacular realização do período – a construção de Brasília e tudo que ela significa –, *A Menina Morta* e *Crônica da Casa Assassinada* assumem, de diferentes formas, as linhas tortuosas da nação que aí se entrevê em seus espaços intervalares. Ou, sintetizando, nas palavras de Clarice Lispector: "Brasília começou com uma simplificação final de ruínas. A hera ainda não cresceu"[24].

2002

Anatomia da Memória

Num texto de 1957, publicado um ano após *Grande Sertão: Veredas*, Guimarães Rosa retoma a questão da origem e a discussão da nacionalidade, através da hipótese de representação de Minas e dos mineiros – "Minas Gerais"[1]. A época parece mais do que propícia para tal retomada: surto desenvolvimentista do governo JK e construção de Brasília, para mencionar apenas dois signos representativos da época. No planalto central do país, a nova capital em construção passa a compartilhar com Minas a função de centro gerador das projeções imaginárias da identidade nacional.

A volta ao solo mineiro por Guimarães Rosa dá-se de maneira não celebratória, por meio de uma escrita que segue, cautelosa, o percurso sinuoso e imprevisto do objeto a ser representado, formulando-se como um enigma que vai sendo retalhado "em pedacinhos" pelo escritor, que age como quem "pica seu fumo de rolo". Lentidão, labor artesanal e reflexivo são um primeiro índice diferencial em relação ao ritmo acelerado dos processos de modernização em curso à época. Ao tom assim marcado une-se a opção pelo trabalho metonímico que resulta no empilhamento vocabular próprio do texto e que parece ironicamente assimilar, na sua feitura, a forma da montanha, signo mais característico do espaço a ser descrito e, ao mesmo tempo, maior obstáculo à sua decifração.

Epítetos e qualificativos estereotipados se sucedem e se acumulam de maneira vertiginosa, num movimento que visa a dar conta da "suspensa região" que abrange tanto fenômenos naturais quanto signos da cultura, traduzidos na sua especificidade local por uma expressão redutora – "MINAS: patriazinha". O diminutivo proposital, colocado após o substantivo realçado em caixa-alta, é aqui indício de um menos na origem, estruturante de uma identidade diferencial que não se soma à positividade de uma presença, mas antes estabelece uma lógica da suplementaridade e do descentramento, pela qual a representação torna-se possível sem o corolário da generalização e de seus efeitos totalizadores.

Objeto de um saber que se apresenta sob a forma da negatividade – "a gente não sabe", diz o narrador – e se funda na "poesia do reesvaziado", espécie de fantasma do ouro do Setecentos, Minas configura-se pela superposição de temporalidades distintas e pelo embaralhamento de fronteiras internas e externas – "é muito Brasil em ponto de dentro, Brasil conteúdo, a raiz do assunto". Tomar o continente pelo conteúdo é operar por deslocamento metonímico, referendando o paradoxo que procura incorporar a nação à *patria chica*: o todo torna-se parte, a metáfora da coesão social reverte-se no seu contrário, pois, segundo o texto, o mineiro está sempre dando uma "carta de menos".

Para tornar representável esse ser de menos, descentrado e desterritorializado no próprio território, é necessária a adição de uma série de atributos que, para serem mais precisos e abrangentes, seguem a ordem alfabética do dicionário e os parâmetros de uma razão classificatória. O resultado, entretanto, é mais um paradoxo, já que os acréscimos subtraem, o ser que se busca apreender "escorrega para cima", sempre móvel e inalcançável em sua multiplicidade (que, ironicamente, mira um centro agregador de sentido):

[...] de qualidades mais ou menos específicas sejam as de: acanhado, afável, amante da liberdade, idem da ordem, antirromântico, benevolente, bondoso, comedido, canhestro, cumpridor, cordato, desconfiado, disciplinado, discreto, escrupuloso, econômico, engraçado, equilibrado, fiel, fleumático, grato, hospitaleiro, harmonioso, honrado, inteligente, irônico, justo, leal, lento, morigerado, meditativo, modesto, moroso [...].

No desejo de dar realidade a algo que escapa e de preencher um vazio que persiste, a linguagem excessiva torna-se abundante na adjetivação e na substantivação e acaba por repetir, sob forma reflexiva e híbrida – mistura de ensaio com crônica e conto –, as narrativas mineiras de "coisas sensacionais ou esdrúxulas, os fenômenos" em que a ficção desliza continuamente para a realidade e com ela forma o amálgama anônimo e inextricável de uma "raça ou variedade, que, faz bem tempo, acharam que existia" e que o autor afirma realmente existir.

De paradoxo em paradoxo, de construção em desconstrução, o texto constitui-se como uma "terceira margem"[2]. De um espaço liminar, a escrita se insinua no lugar do objeto que busca representar e que só se mostra, efetivamente, como imagem de uma falta anterior, ocupada de modo performático pela dinâmica de signos substitutivos, que intervêm como uma metonímica e iterativa temporalidade nos termos da metáfora dominante[3] sobre as Minas Gerais. A ideia desse *menos como um* da origem torna-se, portanto, o dispositivo através do qual a narrativa da "patriazinha" deve começar – artifício pelo qual o estilo de uma nacionalidade pode ser inventado, como num processo de escavação de minas ou numa explosão de um campo minado.

Daí o rol descontínuo de termos qualificativos trazidos à cena final do texto, sem a ordem alfabética ou o teor taxonômico de antes, e que formam a frase – balbuciante – que parece conter os traços de identidade tão procurados desde o início, contraditórios na sua acepção atravessada de "neologismos", vocábulos que apenas enunciam uma possível articulação:

[...] Minas magra, capioa, enxuta, groteira, garimpeira, sussurrada, sibilada, Minas plenária, imo e âmago, chapadeira, veredeira, zebuzeira, burreira, bovina, vacum, forjadora, nativa, simplíssima, sabida, sem desordem, sem inveja, sem realce, tempestiva, legalista, legal, governista, revoltosa, vaqueira, geralista, generalista, de não navios, de não ver navios, longe do mar, Minas sem mar, Minas em mim: Minas comigo. Minas.

A última palavra do texto, num refrão, repete a primeira que lhe deu origem, estabelecendo um circuito significante cuja mobilidade retoma a falta estruturante do início e reforça a perspectiva singular do sujeito em constituição simultânea ao seu objeto e com ele confundido ("mim... Minas").

Sempre adjacente e adjunta em seus procedimentos, a escrita esboça um espaço de significação onde se postula um saber local, descentrado e heterogêneo, que rearticula os elementos de uma possível mineiridade e, por extensão, de uma nacionalidade, a partir de um ponto cego ("de não ver navios"...), isto é, distante da perspectiva enganadora, uníssona e generalizadora da pura transparência. O típico e o estereótipo vão cedendo lugar ao singular e ao provisório, que, por sua vez, vão formando a "teoria dessa paisagem", reesvaziada porque sempre fragmentária, em processo intermitente de formulação por diferentes subjetividades.

O desenho de uma nação que possa a partir daí ser esboçado é, sem dúvida, alheio a qualquer tentativa de fundação épica ou de obsessão documental, diferente do que acontecerá, mais de uma década depois, com *Baú de Ossos* (1972), de Pedro Nava. Trata-se agora de refazer a história do clã patriarcal, seguindo o modelo dos antigos livros de linhagem, em busca não só do tempo perdido, mas também dos ancestrais fundadores da raça e da unidade nacional, fazendo a "hipótese genealógica"[4] funcionar como instrumento de controle de possíveis falsificações da origem.

O tempo da memória mede-se, assim como o reflexivo, pela lentidão, semelhante ao das caminhadas a pé pelas cidades percorridas pelo memorialista, a mesma atitude que faz do exercício de nomear – móvel e fulcro da representação – uma tarefa de anatomista. Em Nava, a presença da anatomia é um dos índices da importância que o discurso médico tem nas memórias, fazendo com que o fragmento seja tomado e nomeado como um corpo inteiro, que a linguagem seja entendida como meio capaz de restaurar a integridade daquilo que o tempo desfez. Assim sendo, não é de espantar que o pensamento do autor siga a dicotomia presente no conceito neuroanatômico dos dois hemisférios cerebrais e se desdobre em premissas duplas, no mais das vezes maniqueístas, ora camufladas, ora assumidas explicitamente na escrita, sempre a serviço de uma – comovente – unidade integradora.

Como Foucault observou a respeito da obra de Cuvier, a anatomia "ao cortar realmente os corpos, ao fracioná-los em partes distintas, ao parti-los no espaço, faz surgir as grandes semelhanças que tinham permanecido escondidas, reconstitui as unidades subjacentes às grandes dispersões visíveis"[5]. O objetivo perseguido é o de descortinar semelhanças onde não há elementos idênticos, indo da superfície manifesta dos seres – lugar da singularidade, da diferença e da multiplicidade – para o centro oculto onde o essencial, o genérico e a unidade residem. Para o anatomista, um único elemento pode sugerir a arquitetura geral do organismo, passível de ser reconstituído por um método de amálgamas, metáforas e analogias, o mesmo que se acha presente no memorialismo de Nava, que, à semelhança de Cuvier, trabalha "partindo de um dente para construir a mandíbula inevitável, o crânio obrigatório, a coluna vertebral decorrente e osso por osso, o esqueleto da besta"[6].

É esse saber analógico que preside a reconstituição, nas suas memórias, do retrato dos antepassados, a partir da recorrência de traços, atitudes e gestos em parentes vivos e mortos, num jogo fascinante de continuidades, que revela a paixão do memorialista pela imobilidade, desejada como garantia da ordem precária do homem e defesa contra a deriva temporal que torna descontínuos os caracteres, as estruturas e as formas vivas.

A história da família é, pois, a história de uma "trama doméstica"[7]. cujos fios se entrelaçam com a urdidura da nacionalidade e com ela se confundem, desde a épica do bisavô Luís da Cunha, espécie de herói fundador, quase antidiluviano nas suas ações, até Henrique Halfeld, alemão amineirado, que, ao se casar com a avó do narrador, dá continuidade à história familiar/nacional, agora da perspectiva do tempo capitalista mais apropriado ao "romance burguês", que, de fato, o parente ilustre vivencia com a mulher.

Para dar conta desse contínuo *histórico*, a linguagem das memórias pauta-se pelo regime de inclusão dos mais variados níveis e registros, selando um pacto com a totalidade indiferenciada, como se a língua não fosse, ela mesma, uma nação fragmentária, disseminada pelos dialetos de família, pela gíria, pelo jargão profissional, pelas falas regionais, pelas dicções pessoais, que o próprio texto não cansa de reproduzir à exaustão. Mas tudo tem de entrar no buraco negro do homogêneo e do contínuo: a própria oralidade de que as memórias se revestem, além de ser elemento revelador do tom de "prosa franca"[8] que o texto parece ter, é índice dessa compulsão de fazer tudo caber na página do texto, de não deixar nada de fora. Assim é que se a rapadura e a batida cearense são "viagem no tempo"[9], elas o são enquanto documento de toda uma linguagem dos açúcares, que a memória textual se esforça, mais do que em saborear, em reafirmar seu estado de dicionário, onde as palavras repousam inertes, mas conservadas e salvas do esquecimento – linguagem objetivante, dissecada, descarnada de afeto, *baú de ossos*.

A busca da origem é, portanto, busca desesperada dessa totalidade perseguida e nunca encontrada, objeto perdido e fantasiado como as "bonecas inteiras" de São Luís do Maranhão, berço mais longínquo da família em solo pátrio. As bonecas são cópias quase perfeitas da mulher, de que reproduzem todos os detalhes, inclusive, e principalmente, os do sexo, flutuando ambíguas entre o biológico e o artificial, entre a vida e a morte. São antigos clones ou *Living Women*, semelhantes às "Vênus Anatômicas" do século XVIII, que atuavam como vitrine da sexualidade feminina e objeto de estudo dos anatomistas, sendo abertas e dissecadas, trazendo no corpo tanto a marginalidade simbólica que lhes delegava o mundo patriarcal quanto os segredos da origem e do nascimento[10].

No texto de Nava, a imagem dessas bonecas mistura-se com a da terra-mãe, logo, devem ambas em princípio permanecer intactas, embora não consigam apagar o desejo que se tem de mutilá-las, violentá-las. Diz o narrador, após detalhada descrição:

> E contra uma "boneca inteira" ousariam as crianças descarregar a violência sádica que as leva aos vazamentos dos olhos, aos escalpes, aos degolamentos, às depeçagens, aos afogamentos e aos assassinatos em efígie que perpetram brincando? Tenho certeza do contrário porque as "completas", pelo misterioso períneo que tinham debaixo da sucessão de anáguas e da calça rendada, eram uma sugestão de convivência e um convite à partida[11].

Em outro momento, quando menino, doente e com febre, depois de presenciar a tia vestindo-se, recebe uma boneca de louça da mãe para distrair-se: "Tirei lentamente toda a roupa da boneca, segurei-a bem pelo corpo de pano – apertando duramente o corpo de pano que lembrava o da tia – e quebrei sua linda cara de louça de encontro à quina da mesa. Minha Mãe apanhou os cacos chorando e eu nunca mais me lavei do sangue desse assassinato"[12].

Escondido sob a saia das bonecas (ou da tia, da mãe), o mistério da origem revela-se um simulacro, um cadáver-manequim pronto a receber as projeções da violência do começo, mesmo que esta seja negada e tenha sua força controlada na mesa de dissecação que é a página do livro. O desejo de conhecimento é desejo de despedaçamento: para se ver o que há lá dentro ou lá atrás, no tempo. A rememoração-dissecação não deixa de ser um assassinato de duplo sentido: cortar o morto para separar, mas para juntar depois matando o vírus da diferença, das "infectas naçoens"[13] que, apesar de tudo, compõem o paraíso perdido, o "círculo mágico onde se fala a língua do *uai*"[14], o centro de Minas.

A ideia de centralidade apoia-se no "cálculo genealógico"[15], em busca do "valor-saúde das famílias e, por extensão, do valor-saúde-nacional"[16], a pureza do primeiro assegurando a permanência do segundo. Há, no caso, o intuito de estabelecer a legitimidade da hierarquia e da diferença entre as raças, que podem se misturar – e devem fazê-lo, segundo o memorialista –, desde que mantida a hegemonia lusitana, vista como limite à degeneração e esteio da unidade cultural. Na verdade, o reforço do processo de ocidentalização do país segue o curso das ideias científicas do século XIX, cujos padrões eugênicos a família de Nava parece sintetizar – "racialmente, minha gente é o retrato da formação dos outros grupos familiares do país. Com todos os defeitos. Com todas as qualidades", declara o memorialista. E acrescenta: "Uma família como as outras, só que antiga"[17]. A ênfase excludente, marca de uma miscigenação mantida sob controle, é aqui signo hegemônico do tesouro do passado – ouro falso como a herança do Barão de Cocais – e se deixa ler como "entendimento biológico da história e dos homens", endossando o "ideal de embranquecimento dominante na elite brasileira do século XIX"[18].

O corpo do texto deve manter-se como o da família e o da nação desejada, livre das infecções que possam comprometer sua integridade. Citações, referências científicas, literárias e artísticas, fruto de uma erudição espantosa, de origem principalmente europeia, funcionam como anticorpos aptos a estabelecer formas de preservação da memória cultural do Ocidente, valor-saúde que o texto se compraz em assegurar. Mas os signos migram e se disseminam, é impossível detê-los e controlá-los: a arte e a ciência são mediadores soberanos entre o sujeito e o mundo rememorado, acirrando a tensão, já denunciada pelas "bonecas", entre o biológico e o artificial. A besta de Cuvier vira, à revelia de Nava, uma construção monstruosa, uma escrita Frankenstein.

No romance *Uma História de Família* (1992), de Silviano Santiago, o referido valor-saúde sofre cerrado questionamento do narrador, doente em fase terminal, que escreve uma longa carta-texto para o tio louco, já morto quando a narrativa se inicia. A perspectiva da enfermidade e da morte sinaliza um sentido de urgência, que desencadeia o movimento de dar visibilidade ao excluído e ao marginalizado, em atitude contrária à da família de imigrantes italianos estabelecida no interior de Minas, que se esforça para se amoldar ao meio fechado e provinciano. O traço diferencial do estrangeiro, que a demência do "tio Mário" torna transparente na sua estranheza, é memória do saber do outro, estigmatizado então pela própria família até o limite do assassinato.

Mais uma vez um corpo estranho tem, no nível da trama, de ser eliminado, para o bem da família e da cidade, vistas pela escrita como lugar teórico para se pensar a questão das fronteiras étnicas, culturais e sociais – fronteiras internas. A continuidade da norma e da ordem, sintaxe do esquecimento, é revertida pelo "filme da recordação"[19], ou seja, pela montagem de cenas dessemelhantes, usada para ressaltar melhor a dissonância da imagem que se quer focalizar, a do tio demente: "Revendo a comadre Marta no fotograma anterior e a sua mãe no posterior, armo a descontinuidade absoluta no filme da lembrança para ficar com o seu rosto, só com ele projetado na parede branca do quarto"[20].

Efeito da contiguidade dos fotogramas na página-tela do livro, as imagens propositalmente se contaminam, seus atributos trocam de lugar: o sadio vira doente, o remédio veneno. A peste migratória instala-se na linguagem, colore com a violência do vermelho[21] a invisibilidade desejada pela família do "napolitano sifilítico"[22], para usar a expressão acusatória com que a avó se refere ao marido morto. A interação entre o privado e o público efetiva-se aí através do uso da sífilis como metáfora do perigo do contágio racial, de ameaça da imigração para a saúde do corpo nacional[23], assim como a loucura do tio Mário é ameaça para a integridade familiar: a imigração é doença da nação.

Essa outra volta ao solo de Minas Gerais traz, na atualidade das questões éticas que coloca, a opacidade da palavra *estrangeira* como memória da história que fomos e somos, cotidianamente, obrigados a esquecer. O ato de resgatar as "lacunas do falado e do vivido"[24] se cumpre, contra a discriminação e a solidão, num ato de escuta diante do que não fala, para que seu silêncio se faça ouvir e rompa o exílio imposto pelo burburinho ensurdecedor das histórias *familiares*. Elogio da tolerância, enfim, transposição de fronteiras, trabalho paciente e minucioso a que o escritor se entrega, com a mesma disposição de Etelvina – a excluída que alimenta – ao peneirar, na última cena do livro, o fubá para fazer o angu nosso, a nação nossa de cada dia.

1994

Tons da Nação na MPB

Natureza e violência dominam a paleta de cores com que a música popular brasileira costuma representar o país. A mais famosa dessas composições ou representações, *Aquarela do Brasil*[1], de Ary Barroso, não foge à regra, mas o faz de modo tão sutil e inteligente que merece atenção redobrada. A popularidade do samba exaltação de 1939 tornou-o por longo tempo, e ainda hoje para muitos, uma espécie de segundo hino nacional. Presente em solenidades oficiais e eventos esportivos, música ambiente aqui e no exterior, pano de fundo para o encontro entre o Pato Donald e Zé Carioca, em *Alô Amigos*, música-tema da campanha publicitária das lojas C&A para o verão 2001, propiciou a automatização de seu ritmo e seus versos de tal modo a desfazer pouco a pouco o que significam, como se desde sempre o soubéssemos. Alguns adjetivos mais raros ecoam na lembrança – "inzoneiro", "merencória", "trigueiro"[2] –, sem que se saiba muito bem o sentido que expressam, embora cumpram o gosto parnasiano de que são devedores e comprovem os preciosismos de linguagem tão ao estilo da nossa formação cultural bacharelesca.

O fascínio da canção talvez resida em seu poder de integrar tudo isso numa cadência ora marcial, ora gingada, que a aparente ingenuidade do que é dito na letra só faz confirmar. Não por acaso, funciona ou funcionou tão bem no âmbito dos discursos sobre a identidade nacional, intimamente ligados à necessidade de autolegitimação política do Estado brasileiro desde os idos de 1930. Se o recurso ao mito da terra paradisíaca garante a domesticação cultural da luta de classes e a continuidade do aparato de Estado, só o faz por acolher, ainda que subliminarmente, um olhar assimétrico interiorizado desde a colonização.

Mas voltemos à referida adjetivação, para que fique claro o que pode parecer obscuro. Logo de início, uma redundância inusitada: "Brasil brasileiro"[3]. O gentílico qualifica o que o substantivo do qual provém deveria dizer por si mesmo; o reforço estilístico salienta o traço determinante da nacionalidade, mas ao mesmo tempo, por um movimento de reversão significante, esvazia o sentido "substantivo" de Brasil, que então se apresenta lacunar ou vazio. Necessário preenchê-lo, o que os versos do samba irão fazer. Como numa aquarela de verdade, o trabalho é delicado e transparente, deve ser rápido, sem permitirem-se retoques. Para não errar a mão, não se deve carregar nas cores – mesmo sendo tropicais. Melhor distribuí-las meio esmaecidas, pouco definidas ou mescladas: em vez de negro ou negra, "mulato" e "morena", ou ainda "trigueiro"[4], que à primeira vista parece ser claro, mas indica o que tem a cor do trigo maduro. Uma única exceção – "mãe-preta"[5] – confirma a regra: aqui a função como que adoça a cor, mesmo ao enunciar, sem querer, sua origem escravocrata.

Nessa festa de cores esmaecidas, o mulato é "inzoneiro" (sonso, mentiroso – o sentido pouco conhecido camufla um estereótipo racial), a morena é "sestrosa" (manhosa, esperta – mesmo procedimento anterior). A visão alegre e otimista de uma época (de aquarela, conforme o *Aurélio*) não consegue ser vencida pela melancolia que a "merencória luz da lua" torna clara[6]. De qualquer forma, ou em razão dos paradoxos que assim se acumulam, faz-se imprescindível realizar o ato de fundação que irá tornar harmonioso o insinuante conflito que não se consegue totalmente exterminar, que aqui e ali vai se tornando mais ou menos visível. O uso da memória introduz um fragmento narrativo fundacional que, em rápidas pinceladas, torna legítima a nação brasileira, autenticando-lhe os valores passados pela sua atualização no presente.

> Ô abre a cortina do passado
> Tira a mãe-preta do serrado
> Bota o rei congo no congado
> Brasil
> Brasil
> Pra mim
> Pra mim
> Deixa cantar de novo o trovador
> À merencória luz da lua
> Toda a canção do meu amor
> Quero ver essa dona caminhando
> Pelos salões arrastando
> O seu vestido rendado
> Brasil
> Brasil
> Pra mim
> Pra mim[7].

O jogo entre lembrar e esquecer, próprio a situações do gênero, marca-se pelo gesto teatral de tornar o passado um espetáculo em que a senzala e a casa-grande parecem unir-se numa festa interminável. Repete-se uma velha e antiga trama, ou melhor, prega-se de novo uma peça, já bem conhecida. A repetição de uma pretensa história comum termina por submeter o que passou à abstração das diferenças e ao princípio do esquecimento de um dissenso primeiro, como forma de manter a unidade e a coesão social. Mas a mãe-preta (pátria) é postiça, a festa de salão e a festa popular (o congado) são mantidas em separado, os verbos no imperativo, enfim, ordenam e demarcam o território do outro como fronteira de difícil ultrapassagem. A violência da desigualdade que assim se deixa ver é compensada pela insistência nos traços edênicos – "o coqueiro que dá coco", "as fontes murmurantes"[8] – do espaço da identidade a ser compartilhada.

A passagem quase imperceptível de uma temporalidade a outra, bem como de uma instância mais propriamente narrativa para uma outra mais lírica, assegura a continuidade da nação, como se ela emergisse de um passado imemorial. Vincula-se o aqui e agora do período de produção da *Aquarela* a algo que sempre existiu e se cumprirá no futuro, instituindo um sistema simbólico que dá significado perene ao que é contingente. Uma certa imortalidade ou atemporalidade aí representada torna a imaginação nacionalista em causa análoga à imaginação religiosa – a "Terra de Nosso Senhor"[9] ou abençoada por ele será uma constante em inúmeras canções que tratam do tema.

Talvez esteja nesse mecanismo imaginário a razão de o "Brasil brasileiro"[10] ser literalmente um lugar-comum, sem sentido, e *não um bem comum a todos*. Na verdade, o país é tomado como objeto de um desejo pessoal:

Brasil
Brasil
Pra mim
Pra mim[11]

é o refrão que sintetiza esse desejo, em última instância emblemático, não menos paradoxal, da nossa formação nacional. Embora possa favorecer a relação intersubjetiva que possibilita projeções identitárias da nação, a apropriação privada e insistentemente personalista torna impossível que o vazio operatório, motor das identificações coletivas, faça com que a fatalidade se transforme em continuidade, o acaso em destino, para se formar uma "comunidade imaginada".

A lição da *Aquarela*, mesmo à revelia das condições históricas que a engendraram, desdobra-se, diferenciada, nas inúmeras gravações de que foi objeto e em outras composições que com ela dialogam. João Gilberto, em gravação com Caetano Veloso e Gilberto Gil, apresenta uma versão intimista, em que, curiosamente, realça o tom ufanista ao acrescentar ao original um verso inexistente:

Brasil samba que dá
Para o mundo se admirar[12].

A intervenção mais expressiva, no entanto, é a de Elis Regina em duas gravações. Uma, de 1969[13], traz como música incidental, *Nega do Cabelo Duro*, de Rubem Soares. Ao lado do trecho que fala de fontes e coqueiros, ressalta-se maliciosamente o que no original se mantinha em silêncio ou se nomeava de forma oblíqua: a ausência do negro, que, agora, se destaca pelo uso coloquial da expressão pejorativa, denunciadora do preconceito racial e mesmo de certa inferioridade estética – o "cabelo duro"[14], que o adjetivo de "morena sestrosa"[15] delicada e violentamente esconde. Na outra gravação, datada de 1980[16], de rara beleza, um canto indígena gritado, quase um canto de guerra, assume a primazia sonora, tornando a *Aquarela* música incidental, de fundo. A inversão desconstrutora, ao fazer ouvir o conflito – de lugares de enunciação, de vozes distintas –, introduz no canto harmonioso do "Brasil brasileiro"[17] uma interrupção metonímica, que atua como suplemento de uma falta na origem, no original.

A emergência do excluído, ao romper a afasia que mantinha a metáfora da unidade nacional, no caso, a "aquarela", desenha linhas de fuga que irão forçar a redistribuição de cartas políticas e ideológicas no tempo homogêneo e vazio da narrativa pedagógica nacional. Nessas sub-versões musicais e em outras composições que veremos adiante, assinala-se que se é a fronteira o que diferencia uma nação do que está fora dela – o território do outro, visto como inimigo externo –, a intervenção do discurso minoritário (do negro, do índio) salienta a existência de fronteiras internas. Isso, sem dúvida, traz para a identificação do problema a percepção nítida de "territórios" a serem conquistados no embate das diferenças sociais e das lutas políticas. A integração nacional, enquanto projeto estatal seja no decênio de 1930, seja no de 1970, deixa transparecer a agonística dos valores em jogo na cena social, apesar das forças autoritárias que buscam minar esse conflito.

De qualquer forma, a extraordinária riqueza da *Aquarela do Brasil* parece estar nessa dissimulação da violência através do uso da natureza como mecanismo compensatório, presente no imaginário popular tão bem captado pelo artista. Não é comum dizer-se com alívio que o país, apesar de seus enormes problemas sociais, não tem vulcões, terremotos ou catástrofes similares? Mas com o crescimento da urbanização, a partir dos anos de 1970, torna-se difícil manter o frágil equilíbrio da compulsão ideológica das naturalizações anteriores, pois "aquela aquarela mudou"[18], diz Chico Buarque em *Bye, Bye Brasil* (1980) e a festa, canta Cazuza, em música do disco *Ideologia* (1988), é uma

Droga
Que já vem malhada
Antes de eu nascer[19].

A memória do país do futuro já não é mais o álibi para as ilusões perdidas.

No novo cenário urbano, agrava-se a clássica divisão entre interior e litoral, contra a qual Milton Nascimento se coloca em *Notícias do Brasil* (1983) –

Ficar de frente para o mar
De costas pro Brasil
Não vai fazer desse lugar
Um bom país[20]

– fratura interna que o Tropicalismo já resolvera à sua maneira, no manifesto que é *Geleia Geral* (1968), de Gilberto Gil e Torquato Neto. Sob a égide da cultura de massa, a "manhã tropical se inicia"[21]: apropriações, colagens, superposições e pastiches assumem a fragmentação e o hibridismo como uma sorte de segunda natureza do Brasil, cuja heterogeneidade guarda algo residual, entendido não como o tipicamente nacional, mas como ponto de resistência à uniformização modernizadora, cujos descaminhos a expressão "brutalidade jardim"[22] expressa com rigor. Deixa-se de lado a visão orgânica de uma cultura nacional unificada a favor de uma representação disjuntiva do espaço social, uma performance crítica contrária à monologia discursiva oficial e de alguns setores artísticos; desvelam-se as estratégias – políticas, culturais – responsáveis pela sua desejada estabilidade.

A cidade impera como "lugar nenhum"[23], para usar o título da música dos Titãs. A cidade ensolarada de inúmeras canções anteriores desaparece de vez, mesmo porque a Terra de Santa Cruz já se tornou o *Brejo da Cruz*[24] (1984). Nele, a luz é um não alimento que sustenta as crianças até torná-las, quando adultas, a massa de excluídos que compõem a variada série de funções subalternas que dificultam, senão tornam impossível, a emancipação do indivíduo e seu reconhecimento como ser social.

São jardineiros, guardas noturnos, casais
São passageiros
Bombeiros e babás
Já nem se lembram
Que existe um Brejo da Cruz
Que eram crianças
E que comiam luz
São faxineiros
Balançam nas construções
São bilheteiras
Baleiros e garçons
Já nem se lembram
Que existe um Brejo da Cruz
Que eram crianças
E que comiam luz[25].

O forte traço excludente da sociedade brasileira acentua o interesse de jovens músicos, compositores e bandas – Legião Urbana, Titãs ou Gabriel, o Pensador – pelo campo minado da "grande pátria desimportante"[26] dos versos cantados por Cazuza. As décadas de 1980 e 1990 irão propiciar, em muitas de suas melhores realizações, a emergência de vozes subalternas ou situações de subalternidade antes recalcadas, abrindo novas perspectivas para a cultura urbana, por meio da intervenção de formas musicais como o *rap*, ao lado da permanência da atuação crítica de nomes consagrados, como Caetano Veloso e Chico Buarque. Talvez não seja exagerado afirmar que o fim da ditadura militar e a passagem ainda tortuosa para a ordem democrática marcam, na esfera da música popular, uma tomada de consciência muito peculiar das nossas desilusões históricas, fincada que está na reflexão sobre as relações interpessoais e de poder no âmbito da vida cotidiana.

A experiência tropicalista é decisiva para a questão, que transcende o teor de protesto político, no calor da hora. Desde *Marginália II* (1968), generaliza-se a ideia de que a história da nação brasileira não chega nunca a se completar, "termina antes do fim"[27] ou como retomado num verso famoso de *Fora da Ordem* (1991): "Aqui tudo parece que ainda é construção e já é ruína"[28].

As contradições do dispositivo modernizador, agravadas em anos recentes pelos efeitos da globalização, reforçam a excentricidade histórica e geográfica da nação que prometia ser e não foi – *Aqui É o Fim do Mundo*[29], insiste o refrão de *Marginália II*. A incômoda situação se revelará, em muitas canções, pela reiteração de imagens de melancolia e solidão, originadas por uma violência inquisitorial, autopunitiva e excludente:

> Eu, brasileiro, confesso
> Minha culpa, meu pecado
> [...] Eu, brasileiro, confesso
> Minha culpa, meu degredo[30].

Exílio introjetado, na própria terra, cuja natureza, antes idílica, aparece então contaminada pelo

> Vento forte
> Da fome, do medo e muito
> Principalmente da morte[31].

A marginália de *Pátria que me Pariu*[32] (1997) radicaliza experiências de gerações anteriores, estendendo a representação do espaço conflagrado da cidade ao limite do rompimento do tecido social e das condições propícias ao exercício da cidadania. A linguagem agora é direta, a narrativa tem a cadência falada do *rap*, coloca em diálogo narrador e menino de rua, até o rápido desenlace final em que pátria-meretriz, futuro e criança se desfazem na mistura de tiros com canção de ninar:

> *Bum! Clá-clá! Bum! Bum! Bum!*
> Boi, boi, boi da cara preta
> Pega essa criança com um tiro de escopeta[33].

A história, abortada, mais uma vez não continua. No entanto, uma abertura se apresenta à perspectiva subalterna, entendida como a irrupção de uma exterioridade que se mostra sob a forma da incorporação de um desejo de singularização (individual, coletivo), mantido a certa distância da imposição globalizante, apesar de provocado por ela. Para nossa desgraça ou fortuna,

> Alguma coisa está fora da ordem
> Fora da nova ordem mundial[34].

Um excesso que extrapola o sentido dominante da história ou a ausência de significado no chamado concerto das nações (mais valeria substituir aqui o *c* pelo *s*), o que promove um evento de significação, cuja legibilidade cabe decifrar enquanto prática de resistência diária.

Essa prática será para nós tanto mais válida ou possível – numa palavra, comum – quanto mais nos facultar um processo de investimento "libidinal" no outro, não um sujeito histórico abstrato, mas uma infinidade de sujeitos, cuja interpelação, segundo a música de Caetano, pode ter, para nosso fascínio e espanto, a duração da "piscadela do garoto de frete do Trianon"[35].

2004

Parte II

Pós-Modernidade e Tradição Cultural

Ao discutir o estatuto da modernidade na América Latina, José Joaquín Brunner[1] dirige sua atenção para o deslocamento e deslizamento das esferas do saber e do poder no âmbito das práticas histórico-culturais entre nós. A via escolhida é a da análise conjectural, não só em virtude do caráter heterogêneo e plural do objeto em foco, mas principalmente em razão da postura crítica assumida, que não concebe mais "o mundo e a história segundo pontos de vista unitários", como diz a esclarecedora epígrafe de Gianni Vattimo, na abertura do texto de Brunner. O encaminhamento do problema contempla uma dupla reflexão, que abrange o nível conceitual mais amplo da noção de modernidade e o nível específico de sua constituição no contexto latino-americano. Não cabe aqui repetir os passos da discussão, mas sim ressaltar uma de suas conclusões:

[...] as sociedades latino-americanas chegaram a ser modernas porque, assim como o Ocidente e parte importante da humanidade não ocidental, vivem na época da escola, da empresa, dos mercados e da hegemonia como forma de configurar o poder e o controle. Em todas elas, embora sob distintas formas e em graus também diversos, predominam o capitalismo, a cultura de massas, hegemonias mediadas por sistemas de consenso e o interesse corporativo dos empresários, inclusive no campo público-estatal[2].

Brunner complementa sua argumentação levantando e discutindo contra-argumentações que poderiam invalidar sua proposta de estabelecimento de um estatuto da modernidade na América Latina. Detém-se ainda em questões como o campo da cultura de massas na América Latina, hegemonia, democracia e violência, heterogeneidade, desigualdade, exclusão, produção, subdesenvolvimento e globalização. São em síntese os elementos que seu olhar descortina e que dão validade à sua resposta para a pergunta que faz sobre as condições da modernidade entre nós. Inspirado em tais colocações, proponho uma resposta suplementar, também ela conjectural e exploratória, à indagação de como podemos ser modernos. Desde já, respondo: *somos modernos sendo pós-modernos*. Não há aqui um mero jogo de palavras, nem a proposta de um paradoxo sem pé nem cabeça.

De início, é preciso esclarecer em que termos o pós-moderno é aqui entendido, para que se passe depois à sua articulação ao contexto latino-americano. Sendo o moderno o atual e o presente, o que é esse *depois* que o prefixo pós designa? Se a modernidade é inovação incessante, movimento mesmo do tempo, não seria contraditório um presente negar a sua qualidade de presente? Se o pós-moderno pretende romper com o moderno, não estaria repetindo a operação por excelência que define este último – a ruptura? Os dogmas do progresso e da inovação não se veriam reafirmados nessa palavra de ordem contra a modernidade?[3]

Para tentar desfazer tais dúvidas, digamos que o prefixo pós não indica aqui uma simples contraposição ao que ficou para trás, não supõe a ideia de uma progressão linear do tempo e da história, mas antes se articula com a noção, tomada de empréstimo a Freud, de *posterioridade*, pela qual sabemos que traços mnésicos são ulteriormente remodelados em função de novas experiências que conferem a eles outros tipos de significação. Nesse sentido, o pós-moderno é, segundo Lyotard, um trabalho de *perlaboração* da modernidade, um ato de convalescença das enfermidades do moderno, como diria G. Vattimo.

O pós-moderno só teria sentido, portanto, enquanto reescrita da modernidade, levada a efeito, para Lyotard[4], a partir de um ato de escuta do passado, que, ao invés de repeti-lo, busca realizar uma pontuação capaz de infiltrar-se no seu tecido de significantes, reorganizando-o por meio de uma atenção flutuante que torne possível o acesso ao desejo da modernidade, ou seja, ao que nela se cumpriu ou frustrou. Não se trata de resgatar fatos em estado bruto, mas de desconstruir, recriando, as redes significantes de conteúdos recalcados, os pontos de resistência em cima dos quais se processa a perlaboração, trabalho sem fim nem finalidade preconcebida. Como resultado, tem-se sempre uma verdade localizada, breve, provisória, que se aventura a dar ouvidos ao que não é apresentável nas regras comuns do conhecimento, através da contraposição ao monopólio consensual das verdades cristalizadas, impostas por julgamentos deterministas e subordinadas aos metarrelatos hegemônicos.

Nesse trabalho da memória, infenso à rigidez dos projetos totalitários e das projeções utópicas, a questão da história é retomada pelo prisma da pluralidade interpretativa, pois, de acordo com a observação de G. Vattimo, "múltiplos povos e culturas tomaram a palavra na cena do mundo, e tornou-se impossível acreditar que a história seja um processo unitário, com uma linha contínua em direção a um *telos*. A realização da universalidade da história tornou impossível a história universal"[5]. Mais adiante o mesmo teórico acrescenta: "as várias metafísicas da história até Hegel, Marx, Comte são apenas 'interpretações' da teologia da história hebraico-cristã, pensadas fora do quadro teológico original". Em razão disso, "a modernização não se dá através do abandono da tradição, mas através de uma espécie de interpretação irônica dela, uma 'distorção' (Heidegger fala, num sentido não distante deste, de *Verwindung*), que a conserva, mas que também, em parte, a esvazia"[6].

Parece claro, a partir disso, que quando G. Vattimo retoma o conceito de *post Histoire* de Gehlen, o toma no sentido de dissolução da história do progresso e do novo (W. Benjamin opõe a tradição como descontínuo do que foi à *Histoire* como o contínuo dos acontecimentos), e não enquanto fim puro e simples da história. Ele se contrapõe, assim, à elaboração pela modernidade, em termos mundanos e seculares, da herança hebraico-cristã, que concebe a ideia da história como história da salvação e seus indefectíveis corolários – criação, pecado, redenção, espera do juízo final. Nesse caso, a experiência do homem pós-moderno é desistoricizada, esvaziada, podendo, por essa razão, apresentar-se como uma "chance positiva" para o ser em situação de convalescença num mundo em ruínas, petrificado pelo excesso da saturação histórico-cultural.

Essa saturação é a matéria de um livro como *Palomar*, de Italo Calvino, mais precisamente no capítulo "Serpentes e Caveiras", no qual o personagem, em visita a ruínas de uma civilização pré-colombiana no México, depara-se com duas posturas interpretativas distintas. Uma delas, a do amigo mexicano que o acompanha, exprime-se sob a forma da continuidade entre as figuras de pedra a serem decifradas e a decifração interminável que induzem. Cada baixo-relevo, cúpula ou escultura remete a uma explicação que se desdobra numa outra que tem um novo significado, que quer dizer alguma coisa e assim por diante, como se fosse a leitura alegórica de um *rebus* infinito. A outra situação, a de um jovem professor que acompanha um grupo de estudantes em visita aos monumentos, funda-se na impossibilidade mesma de qualquer explicação convincente sobre as ruínas expostas e o sentido da civilização a que se referem. Após a descrição de cada detalhe de uma estátua ou pirâmide, segue-se a constatação aporética do professor: "Não se sabe o que quer dizer"[7].

O saber acumulado por sucessivas interpretações é aqui objeto de investimento irônico e se revela pela negatividade crítica de modos de não saber, ressaltando o conflito existente entre as formas tradicionais de legitimação cultural letrada e o trabalho de luto pelo esvaziamento histórico de seu significado atual[8]. A experiência do conflito supõe uma distorção da tradição local, ao mesmo tempo que a reafirma e a desloca diante de um olhar "estrangeiro", que tende a aceitar a renúncia à interpretação como uma chance positiva para qualquer intérprete, irremediavelmente colocado em situação de convalescença num mundo em ruínas, petrificado pelo excesso de informação e saturado de significantes.

O trabalho de interpretação efetuado no âmbito do pós-moderno se constitui, pois, pela perspectiva da "sobrevivência, da marginalidade e da contaminação"[9]. Acolhe, por isso, o irracional e o acaso. Para Lyotard, os regimes de frases e os jogos de linguagem são heterogêneos e de uma diversidade irredutível. Nenhuma frase sintaticamente bem formulada traz em si a inscrição de como se deve interpretá-la no seu contexto atual, sendo que a regra que uniria, num só ato reflexivo, todas suas possibilidades não existe. Não seria possível, portanto, aquela situação ideal de discurso que propiciaria o consenso, pelo menos nos termos que Habermas o coloca; a irredutibilidade dos jogos de linguagem permite apenas consensos locais, que desfazem as funções legitimantes e hegemônicas das narrativas da emancipação universal.

Por mais paradoxal que seja, a possibilidade de um consenso unificador tende a se tornar mais do que nunca efetiva através da proliferação dos meios atuais de comunicação, em especial a tela chapada da Internet e da TV, que reduz tudo ao plano da contemporaneidade e da simultaneidade. Sob o álibi da otimização da *performance* informativa e do avanço tecnológico, cujo acesso é em princípio facultado igualmente a todos os indivíduos, comunidades e nações, a mídia acaba operando com base numa visão unitária determinada por escolhas políticas que resultam, como se sabe, de imposições econômico-ideológicas transnacionais. Por isso, a multiplicação dos "centros de história" que daí procede mostra-se condicionada, na sua diversidade, à informação que é veiculada e logo desaparece para dar lugar a outra informação e assim sucessivamente, num acelerado processo de desistoricização, no mau sentido da palavra.

Beatriz Sarlo mostrou isso muito bem[10], ao estudar um procedimento técnico próprio ao universo do usuário da televisão: o *zapping*.

O controle remoto é uma máquina sintática que oferece ao espectador acumular a maior quantidade possível de imagens de alto impacto por unidade de tempo, às custas, paradoxalmente, de menor quantidade de informação ou informação indiferenciada por unidade de tempo. A possibilidade estrutural do *zapping* residiria em delegar ao espectador o poder de cortar, montar e embaralhar imagens truncadas, produzidas pelas mais diversas câmaras e nos mais variados lugares. A coordenação atua na pseudomontagem com o intuito de preencher os silêncios ou brancos intervalares, impedindo que a atenção se detenha e fazendo com que o espectador se satisfaça com a repetição prazerosa de estruturas já conhecidas.

De qualquer forma, algo escapa à modelização totalizadora que reveste o movimento pendular de historicização/desistoricização que os atuais meios de massa tornam operantes nas sociedades contemporâneas. Fica um rastro residual, um resto de informação não programada, que revela de maneira exemplar que nenhum ato de recepção é um ato puramente reflexo, como mostra o processo de incorporação de núcleos de modernidade na América Latina. Oposições categoriais do tipo centro/periferia perdem sua rigidez, como a indicar que a transferência de sentidos nunca é total entre sistemas socioculturais diversos: as diferenças são elas próprias reinscritas ou reconstituídas em todo ato de comunicação e transmissão, o que acaba por revelar a instabilidade de toda divisão de sentido baseada num dentro e num fora.

A diferença cultural intervém para transformar o cenário da articulação, reorientando o conhecimento através da perspectiva significante do "outro" que resiste à totalização indiferenciada. Por um processo de substituição, deslocamento e projeção, as formas disjuntivas de representação de uma possível *latinoamericanidad* interferem nas justificativas de progresso e de homogeneidade próprias ao mundo moderno, desvelando suas tendências autoritárias e normativas no interior das culturas, efetivadas em nome de interesses nacionais e prerrogativas étnicas determinadas.

NAÇÕES LITERÁRIAS

Em virtude das transformações operadas pela difusão da informação em escala planetária, o rompimento do isolacionismo cultural redimensiona a identidade das tradições comunitárias, urbanas ou rurais, até o limite extremo do apagamento de seus traços diferenciais. A ação de retomada dessas tradições locais intervém nesse processo enquanto ato de recuperação mnemônica que visa opor-se à noção de unidade cultural uniforme e centralizadora, abrindo caminho para a individuação de práticas localizadas e diferenciadas. Trata-se de um trabalho de memória interessado na apreensão dos mecanismos através dos quais tradições diversificadas se transformam, construindo-se e desconstruindo-se no seu processo de conformação. Os agenciamentos e os intercâmbios culturais então resultantes permitem observar em que medida a recepção de modelos externos suplementa modelos locais e impulsiona a emergência de novos valores que, por sua vez, irão ampliar as alternativas de escolha e de experimentação de indivíduos, grupos e comunidades. A memória, assim concebida, passa a atuar em função da problematização dos limites culturais, ao mesmo tempo que se realiza como contraponto crítico ao passadismo próprio a concepções e valores esclerosados.

O resgate de objetos culturais diferenciados intervém na adição que busca totalizar, pela semelhança unificadora, os traços de identidade de uma cultura. O resultado dessa operação traduz-se na promoção de relações que formam um espaço de significação descentrada, aberto a modalidades residuais ou alternativas de atuação. Nesse sentido, o elemento nacional ou macrorregional, enquanto traço de identidade de uma determinada cultura, só adquire valor de referência quando atravessado pela heterogeneidade que o constitui e que o torna singular no conjunto das representações simbólicas em que se insere. Pensar estas últimas é, pois, considerar formas liminares de representação social e de práticas políticas, levando-se em conta a diversidade que as caracteriza e que só pode ser percebida com clareza da perspectiva dos impasses e contradições que permeiam todo contingente cultural.

Como Ángel Rama mostrou em um livro notável[11], a escritura dos letrados sempre desempenhou um papel hegemônico na América Latina. Burocratas a serviço do poder colonial, romancistas e poetas engajados nos movimentos de independência do século XIX ou aliados aos promotores dos processos subsequentes de modernização, todos eles dão forma, em distintos níveis, a uma tradição intelectual bastante peculiar. A vocação retórica e o gosto da palavra ornamental das culturas ibéricas vão paulatinamente impondo-se, com força de persuasão, como valores a serem cultuados pelas jovens nações surgidas no Novo Mundo. As literaturas nacionais latino-americanas são, do ponto de vista histórico-cultural, resultantes do projeto político de construção de uma identidade cujos traços apontam para o desejo de continuar compartilhando dos valores ocidentais e, ao mesmo tempo, para o de promover a legitimação das particularidades locais.

No contexto atual da globalização econômica e tecnológica, na era do capital multinacional e da sociedade pós-industrial, cabe indagar se essas tradições literárias nacionais continuariam a ter lugar, ainda mais quando elas se veem confrontadas com os novos meios de comunicação e de informação contemporâneos. Um dos caminhos mais adequados parece ser o de pensá-las como transmissão e interpretação de mensagens, num sistema de difusão de modelos culturais no qual o caráter *trans*nacional da palavra literária na contemporaneidade articula-se com as novas relações intersemióticas nascidas do advento dos atuais meios de reprodutibilidade técnica e de simulação audiovisual.

A perda da hegemonia da literatura na civilização da imagem e do espetáculo acarreta mudanças na própria constituição do texto e no seu espaço de circulação social; o objeto literário, como as máquinas com que interage, passa a armazenar e produzir energia em quantidade e qualidade suficientes para manter o circuito textual em operação. Daí o reprocessamento da memória literária por meio do emprego, muitas vezes exaustivo, da metáfora da literatura como *arquivo*, como se o texto contemporâneo se visse incumbido de reco-

NAÇÕES LITERÁRIAS

locar uma questão banal – de onde viemos e para onde vamos? – a partir da recuperação do ato de narrar como ato de sobrevivência do narrador e forma de intervenção diferenciada na história.

Dois livros brasileiros de épocas bem diferentes já expressavam, pela via da mais acirrada reflexão crítica, esse processo: um, na virada do século XIX para o XX – *Os Sertões* (1902), de Euclides da Cunha; o outro, publicado em pleno surto desenvolvimentista dos anos de 1950 no Brasil – *Grande Sertão: Veredas* (1956), de Guimarães Rosa. Em ambos, o sertão é aquele traço residual suficiente para provocar um curto-circuito no processamento regulador das oposições entre civilização e barbárie, moderno e arcaico, cultura e natureza.

Na prosa-limite de Euclides, nem puro documento nem pura recriação, os sertões são o lugar de estranhamento das certezas da racionalidade citadina e dos valores do mundo administrado, da lógica e da razão instrumentalizadas pela República na consecução de seu projeto de modernização do país. Espaço marginal, percebido em toda sua ambivalência por um Euclides atônito, o sertão articula vivências distintas e simultâneas da temporalidade histórica, ao rasurar e atravessar os limiares de sentido da modernidade. A rigor, nada aqui leva a crer num sentido único, numa linha reta que seja plenamente eficaz na conjuração de regiões sombrias da ordem, de espaços desconhecidos, mas estranhamente familiares, onde a loucura e a história se confrontam. Diante da realidade concreta do massacre dos jagunços e seguidores de Antônio Conselheiro, o jovem Euclides da Cunha, engenheiro, positivista e republicano, "perde gradativamente a segurança e a certeza da reflexão dos vencidos, enxergando neles uma verdade que escapa às diretrizes excludentes da modernização"[12].

Guimarães Rosa, fiel à lição euclidiana sobre as contradições do projeto de modernização nacional, avança na exploração desse território instável que é o sertão, lugar onde "os pastos carecem de fechos"[13], na metáfora de Riobaldo, e onde as veredas se insinuam como possibilidade de outras direções, ponto-cego, opaco, da perspectiva do saber racionalizante. A história permanece em aberto – a que dá e não dá conta da experiência singular de um sujeito desejante, recriada pela memória, história de acontecimentos não produtivos, à margem do mundo administrado; a que se tece longe do narrador, no espaço urbano da civilização, futuro do passado rememorado. Daí o desrecalque do moderno enquanto projeto de emancipação do sujeito – "homem humano" – na "terceira margem", a qual "se apresenta como visão de mundo da modernidade, simultaneamente o lugar de vacuidade do sujeito e de seu desejo [...] e o lugar de potência do sujeito em fazer-se algo, em perseguir na realidade sua condição de continuar desejando"[14].

Como um desenraizado, o escritor-diplomata Guimarães Rosa viveu como alguém destinado a transitar permanentemente entre o sertão e a cidade, entre o passado e o presente, dando visibilidade a essa experiência "pós-moderna" da história e da cultura. De forma simultânea, uma outra realização artística brasileira contemporânea à obra rosiana – a construção de Brasília – concretiza essa experiência: os "candangos", operários construtores da cidade, trazem para o novo espaço urbano componentes das comunidades rurais de origem, ao mesmo tempo que absorvem, de modo *naïf* e desconstrutor, os ícones da modernização. A migração de sentidos e valores da modernidade mostra-se aí em toda sua extensão, evidenciando a mobilidade que a caracteriza e a torna para sempre uma fronteira rasurada, em intermitente deslocamento.

Essa terceira margem – nem centro, nem periferia – postula-se como lugar de perlaboração da modernidade na América Latina, desvelando o ideal europeu-ocidental de civilização como um ideal entre outros, cuja pretensão de unificar todos os demais só se dá pela disseminação daqueles signos tão bem descritos por J. J. Brunner e que adquirem dolorosa concretude: exclusão, pobreza, doença e violência[15]. Se de fato fomos condenados a ser modernos através desses signos e apesar deles, cumpre abandonar de vez posturas compensatórias ou catastróficas, mitos edênicos e projeções utópicas.

O tempo é a nossa matéria, ecoa a voz de Drummond, tempo de desencantar a modernidade, de quebrar a linha do *continuum* histórico e de trabalhar com os pontos de esquecimento da história oficial, abrindo brechas e fissuras na perspectiva superior e excludente que visa a anular todas as outras. Numa modernidade assim desencantada, no duplo sentido da palavra, num mundo em que "tudo que é sólido se desmancha no ar" a memória viva é a prova dos nove contra a amnésia social e histórica e marca a condição de reflexão de uma ação política também ela alternativa e precária, mas apta o suficiente para virar a mesa do embate ininterrupto entre vencidos e vencedores, bem como para abrir uma via possível que refaça o presente arruinado e nos livre da inércia e do enclausuramento.

1996

Fronteiras Literárias

No contexto atual, marcado pelo fim dos relatos hegemônicos e dos grandes sistemas ideológicos, a produção literária contemporânea pauta-se por uma prática descentrada e multidirecional, que não se reduz a uma coordenada exclusiva, nem se encerra na unicidade da "obra completa" moderna, preferindo apresentar-se como heterogênea, antiestética e tendente à configuração alegórica.

O esgotamento da eficácia dos cânones legitimadores dos vários *ismos* subsequentes à revolução efetuada pelo Modernismo de 1922 evidencia, em larga escala, uma ordem cultural diversa daquela em que a novidade da invenção formal é privilegiada como fator decisivo de realização artística e parâmetro absoluto de avaliação crítica. Abolidas as noções de ruptura e de unidade progressiva do tempo, a tradição modernista passa a atuar como uma espécie de tesouro de significantes, disponível como qualquer outro às mais variadas formas de apropriação literária. No processo de fluxo e refluxo diante de uma tradição já formada e das novas instâncias de legitimação cultural, o texto sublinha com ironia e espírito anárquico a autorreflexão herdada da modernidade, abrindo-se a um trabalho de refinamento conceitual que, sob dicção ensaística, faz avançar o diálogo entre crítica e criação ficcional.

A contaminação de linguagens e gêneros diversos, ao exceder os limites das convenções literárias e dos lugares-comuns ideológicos, traz à cena do aludido diálogo um novo modo de articulação entre cultura e prática social. Embora distintos sob muitos aspectos, alguns textos publicados a partir de 1980 – como *Em Liberdade*, de Silviano Santiago, *Bandoleiros*, de João Gilberto Noll, *O Nome do Bispo*, de Zulmira Ribeiro Tavares, *A Senhorita Simpson*, de Sérgio Sant'Anna, e *A Festa do Milênio*, de Rubens Figueiredo – apresentam-se polimorfos, fragmentários, distantes do amplo painel social ou da grande obra retrato da nação. Preferem os pequenos temas, o detalhe aparentemente insignificante, os eventos miúdos do cotidiano, as falsificações propositais, a profusão de vozes díspares, como meio mais viável de escapar da uniformidade da voz única das verdades oficiais ou dos discursos utópicos de emancipação. Conscientes de agir no universo da imagem e da palavra estereotipada, do nivelamento tecnicista e da cultura do espetáculo, esses textos operam pela comutação de diversos pensamentos, métodos e mensagens antitéticas, traduzindo-se em múltiplas atuações conceituais, narrativas e vivenciais.

O hibridismo formal e a dicção ensaística sinalizam, via de regra, a ficção brasileira produzida nas últimas décadas. A tarefa de desnudamento do processo histórico, embora continue operante, cede a primazia, em anos mais recentes, a uma discussão de teor mais acentuadamente metaficcional, que não se circunscreve em termos da reflexão da linguagem sobre a linguagem, mas antes procura ater-se ao debate sobre o sentido de escrever e a situação do escritor na sociedade contemporânea.

A articulação da literatura com o espaço mercadológico e com os novos meios audiovisuais que assumem o primeiro plano na cena cultural institui um vetor decisivo na argumentação, que, em síntese, cabe numa pergunta: pode a literatura atuar enquanto objeto artístico, tendo ao mesmo tempo de satisfazer a uma demanda de mercado que a coloca como um objeto de consumo, diferenciado, é verdade, mas dependente como qualquer outro do circuito capitalista? Fruto do processo de profissionalização do escritor, desencadeado na década de 1970, bem como da mudança dos parâmetros de legitimação do texto literário, agora sujeito às regras do mercado editorial, a questão encontra diversas respostas, configurando "um campo de forças contraditório, atravessado por interesses conflitantes, que, entretanto, podem combinar-se e entrecruzar-se das formas as mais variadas"[1].

Se o hibridismo textual é aqui efeito de uma *crise*, menos do discurso em si e mais da perda da aura da palavra literária na civilização do espetáculo e da imagem, ele favorece, de maneira abrangente, o intercurso e a superposição de esferas distintas da prática cultural, sem nenhum pré-conceito ou tentativa de modelização totalizadora. No contexto instaurado pelo regime de instabilidade e pela agonística dos valores, que não deve ser confundido com o relativismo do vale-tudo que muitas vezes reveste certas realizações ditas pós-modernas, são estabelecidas escolhas operacionais de valorização e de gosto que resultam na proliferação de estilos simultâneos e rebeldes a qualquer classificação hierárquica. Nesse sentido, a estratégia discursiva de um João Ubaldo Ribeiro em *Viva o Povo Brasileiro* (1984) – romance que percorre os séculos XVIII, XIX e XX em busca de uma identidade nacional unificadora –, e mesmo de uma Nélida Piñon em *A República dos Sonhos* (1984) – que discorre sobre assunto semelhante, da perspectiva das vicissitudes enfrentadas por alguns imigrantes espanhóis –, parece ser o último remanescente da grande obra que pretende representar por inteiro a nação. À margem do grandioso e do grandiloquente, os textos mais instigantes e demolidores do período reforçam sua opção pelo antiépico e se realizam enquanto ultrapassagem da querela elitista entre realismo e irrealismo, formalismo e conteudismo, literatura pura e literatura engajada, narrativa culta e narrativa de massa, ficção e ensaio.

O uso do pastiche de formas reconhecíveis já legitimadas culturalmente ou assimiladas pelo gosto comum e pela demanda mercadológica é recurso por vezes predominante, empregado como tática de "espetacularização" da palavra e de encenação do texto enquanto objeto de consumo no universo anônimo das produções de massa. Dentre essas formas reconhecíveis, já gastas, o romance policial adquire posição de destaque, sendo reaproveitado com maior ou menor habilidade por um número expressivo de escritores.

Tributária da trama comum a esse tipo de romance, é a própria narrativa, contudo, que sofre um inquérito e se coloca como objeto de investigação. Pela reversão da hipótese *policial* de que cada coisa tem um só e único sentido, explicitado no final da leitura em que tudo entra na ordem, no âmbito da certeza do saber absoluto, busca-se romper com o monopólio consensual do gênero argumentativo fundado em julgamentos deterministas e no encadeamento logicamente coerente das frases e situações narrativas que compõem o crime, o complô ou o enigma. O leitor é agora o foco privilegiado de atenção, ao dividir com o detetive uma tarefa comum, expressa pela situação "suspensiva" em que os dois são colocados frente ao enigma que cabe decifrar.

Livros como *A Grande Arte* (1983), *Bufo & Spallanzani* (1986), *Vastas Emoções e Pensamentos Imperfeitos* (1988), de Rubem Fonseca, *Stella Manhattan* (1985), de Silviano Santiago, *Onde Andará Dulce Veiga?* (1990), de Caio Fernando Abreu, e *A Festa do Milênio* (1990), de Rubens Figueiredo, apesar de muito diferentes entre si, têm em comum o fato de apontarem para a interpretação como questão da incompletude do texto, bem como para a incompletude da tarefa cega de seu intérprete. Em geral, pode-se dizer que a contemporaneidade se enunciaria aí através da investigação ficcional especulativa e paranoica, que age como forma de pensar as leis de controle social e como processo de constituição da própria matéria textual.

Em Rubem Fonseca, o mais significativo – e polêmico – representante dessa proposta, a violência oriunda das várias manifestações do poder no âmbito da vida cotidiana é objeto privilegiado de dissecação, efetuada através de um enfoque hiperrealista que toma de empréstimo a linguagem da mídia – cinema, fotografia, jornal –, dando-lhe expressão literária. Nos contos admiráveis de *A Coleira do Cão* (1965), *Lúcia McCartney* (1967), *Feliz Ano Novo* (1975) e *O*

Cobrador (1979), bem como nos romances publicados na década de 1980 (embora estes mais de acordo com o gosto público e menos iconoclastas do que aqueles), as soluções conciliatórias não têm vez, todos os escaninhos da vida social são varridos por uma escrita que não deixa nada em pé. O narrador agora tem pressa, não de retratar uma experiência pessoal, como os autobiógrafos da geração pós-64, mas de acompanhar, sem mediações explicativas ou paternalistas, os atos da fala social marginalizada, tornando-a comunicável. Daí a objetividade do estilo, a abundância dos diálogos, a aceleração do ritmo narrativo, perfazendo um *thriller* urbano que recorta o real e as convenções das linguagens referenciadas, subvertendo seus limites em busca do sentido do humano, ou melhor, do animal humano no mundo contemporâneo.

O superaquecimento dos circuitos narrativos, via processamento de gêneros literários diversos e sua conversão em novo dado performático, se aponta para uma estratégia precisa de *marketing* (ou com ela joga ironicamente), resgata, ao mesmo tempo, o poder da arte de narrar no universo da cultura da mídia e da sociedade massificada. Daí a intersecção da estrutura enigmática da narrativa de mistério com a transparência referencial mais própria à linguagem jornalística, como em *A Resistível Ascensão do Boto Tucuxi* (1982), *A Ordem do Dia* (1983) e outros romances-folhetins de Márcio Souza, onde palavras são tratadas como imagens visuais e estas se apresentam como texto a ser lido – televisão e jornal. Livre das amarras de uma lógica de enunciação presa a parâmetros excludentes de referência, esses textos estabelecem uma rede elástica de jogos de linguagem que descarta qualquer intenção de transcendência, já que a (dis)solução do enigma que operam não comporta nenhum desvelamento último de uma verdade recôndita ou original.

Não se trata, portanto, de mera repetição das táticas empregadas pelo texto alegórico dos anos de 1970, porque, diferente deste, a narrativa não visa a contar, pelo despistamento ou disfarce, uma verdade silenciada e vetada pela história oficial. O escritor brasileiro dos anos de 1980, em razão das novas circunstâncias histórico-culturais que definem seu espaço de atuação, não está mais interessado em falar em nome de ninguém, em ser o porta-voz privilegiado de um saber do qual seria o guardião. Interessa-se antes em dar voz às contradições que colocam em xeque a sobrevivência da literatura enquanto experiência de conhecimento do indivíduo, fora portanto da linha de produção de textos pasteurizados, feitos em série para atender a demanda do público leitor de *best-sellers*. Efeito paradoxal ou imposição perversa da lógica do mercado, a possibilidade de continuar escrevendo sem cair na armadilha liberal da voz própria é acompanhada da fetichização do escritor, cuja assinatura passa a ser consumida como marca de fábrica que legitima suas realizações como objeto artístico no mercado literário.

Fraudes e falsificações, meias-verdades e simulações de autoria são, nesse contexto, recorrências temáticas que, sob diversos procedimentos de construção textual, colocam em cena a questão da propriedade literária (e da propriedade em geral), articulando-a com a questão da leitura, vista sob o prisma de uma atividade desalienante. Busca-se aqui fazer o leitor partilhar dos meios de produção textual e da desconstrução de sentidos instituídos, desalojando-o da cômoda posição de mero consumidor

Em *O Nome do Bispo* (1985) e *Jóias de Família* (1990), obras-primas de Zulmira Ribeiro Tavares, falsificações e trapaças da vida social, tratadas a partir de situações corriqueiras, são o tema central, desenvolvido por uma disposição analítica de nítido teor antirretórico e "realista", no bom sentido da palavra. Na ficção crítica da autora, a superexposição dos "cômodos inferiores"[2] das verdades legitimadas – que em *O Nome do Bispo* encontra seu móvel narrativo na fissura anal do personagem Heládio Marcondes Pompeu, herdeiro da aristocracia paulistana decadente – instaura um regime de leitura que, por meio da interface dos espaços público e privado, desestabiliza a certeza do conhecimento, metaforizada no "rubi falso" de *Joias de Família*, e a desloca para o âmbito do precário.

Saber do precário, agora revestido de acirrada e por vezes repetitiva reflexão metaficcional, é o que sintetiza a trajetória de Sérgio Sant'Anna. Para Sant'Anna, autor de uma obra numerosa, na qual se destacam *Notas de Manfredo Rangel, Repórter* (1973), *Confissões de Ralfo* (1975), *A Tragédia Brasileira* (1984), *A Senhorita Simpson* (1989) e *Breve História do Espírito* (1991), o que conta, ou é contado, é a constituição dos discursos enquanto jogo de forças que dramatizam situações sociais e possibilidades de narração. A permuta contínua de papéis assumidos pelo narrador, situado no espaço intervalar de dentro e fora do narrado, relativiza a confiabilidade das certezas adquiridas, e logo desfeitas, em favor de módulos textuais que operam pela hesitação e pela dúvida. Mais do que isso, o trânsito do narrador por entre potencialidades ficcionais as mais diversas vai delineando as relações de poder que permeiam o confronto dos discursos e sua maior ou menor possibilidade de legitimação e atuação no espaço social, como deixa ver a disputa entre o narrador-escritor e seu provável editor no conto "O Duelo", de *A Senhorita Simpson*.

Colocado na arena de confronto dos valores sociais e culturais que a exacerbação das práticas capitalistas faz emergir no contexto nacional e internacional, o escritor brasileiro da atualidade aciona dispositivos diferenciados de construção textual, que buscam dar forma aos desafios e contradições com que se depara – e que tem seu ponto mais luminoso em termos de realização artística no livro-testamento de Clarice Lispector, *A Hora da Estrela* (1977). O panorama literário mostra-se, nesse momento de transição, fragmentado por uma série de dicções distintas, que vão desde a afirmação da literatura feminina de escritoras como Lya Luft, Sônia Coutinho, Lygia Fagundes Telles, Rachel Jardim, Hilda Hislt, Patrícia Bins, ou a retomada da narrativa regionalista de intenções universalizantes, como em *A Dança dos Cabelos* (1984) e *Sombras de Julho* (1991), de Carlos Herculano Lopes, passando pelo desvario *punk* com tintas de ficção científica do recente *Santa Clara Poltergeist*, de Fausto Fawcett, até as tentativas de recuperação do romance histórico tradicional, como em

Boca do Inferno (1989), de Ana Miranda, ou no novíssimo *Sexo* (1999), de André Sant'Anna.

A produção atual sinaliza, nas suas melhores realizações, insuficiências do aqui-agora no seu diálogo com a sociedade e, ao fazê-lo, levanta questões não mais passíveis, felizmente, de uma redução consensual. Os textos de João Gilberto Noll são, nesse sentido, esclarecedores, não só pelas eficazes soluções encontradas, mas pelos impasses com que se defrontam e que, mobilizados pela perícia do autor, se tornam matéria e elemento propulsor de sua ficção. A rarefação do enredo, quase sempre restrito a um mínimo de eventos e à perambulação sem rumo e sem sentido dos personagens, como em *A Fúria do Corpo* (1981), *Bandoleiros* (1985) e *Hotel Atlântico* (1989), segue concomitante à superposição de limites do tempo e do espaço narrativo. Em *Bandoleiros*, talvez o livro mais desconcertante e original de Noll, a recomposição de perdas do narrador, objeto do narrado, participa do caráter quase inercial de uma movimentação em que nada parece sair do lugar. À margem dos grandes eventos e da grandiloquência em registrá-los, o narrador opta pela técnica do distanciamento cinematográfico, em longos movimentos de *travelling*, que reduzem tudo à superfície chapada e sem horizontes, como a de um teleprocessador.

Diante do panorama de escombros de um mundo tornado deserto como num cenário pós-nuclear, a prosa minimalista de Noll adquire contornos agônicos que configuram sua versão apocalíptica da situação contemporânea. Embora ressinta de uma certa impotência frente à desertificação mental da atualidade, à repetição indiferenciada e ao movimento inercial do mesmo, tal postura, pela carga desconstrutora que encerra, se por um lado deixa um vazio desnorteador, por outro abre o debate cultural da atualidade para o estabelecimento de uma nova ordem de produção, radicada na desconfiança em relação aos discursos e mecanismos anteriores de legitimação, ordem e sentido.

É esse debate que a ficção brasileira hoje procura levar adiante, pela voz de autores de variada procedência. A tradição narrativa brasileira revive com força renovada na obra desses autores, para os quais o objeto literário é, sem perder sua identidade, ponto nevrálgico da reflexão transdisciplinar, espaço de intercâmbio e interferência de saberes distintos e formações discursivas do imaginário social e político. Assim é que a aposta numa escrita que se faz e refaz tanto na experimentação das hipóteses levantadas, quanto na perspectiva empregada para desenvolvê-las, consegue oferecer múltiplas possibilidades de diálogo, no texto, entre reflexão crítica e produção artística. Essa dupla imagem é que hoje parece melhor exprimir a contemporaneidade brasileira.

2000

Ficção Virtual

Un hombre solitario no puede hacer máquinas ni fijar visiones,
salvo en la forma trunca de escribirlas o dibujarlas, para otros, más
afortunados.

ADOLFO BIOY CASARES

Literatura e máquina nem sempre foram realidades distintas. Os maneiristas foram hábeis em projetar inventos que as associassem. Na segunda metade do século XVI, o capitão Agostino Remelli propôs uma "Máquina de ler" e já no século XVII, entre as estranhas máquinas do jesuíta alemão Athanasius Kircher, destaca-se uma "Máquina de metáforas". É uma fábrica de imagens e metamorfoses: "Debaixo de um espelho, escondido sob um móvel em forma de baú, enxerga-se um cilindro contendo diversas imagens. Quando o visitante se olha no espelho colocado sobre o móvel, ele recebe várias formas: sol, animal, esqueleto, planta ou pedra. Tudo é comparável a tudo"[1]. A máquina permite deformar, transformar e reformar o semblante do homem, criando pela técnica imagens artificiais.

Muito tempo depois, vamos encontrar no centro do labirinto de salas do Museu uma outra Máquina. Programada para traduzir histórias, ela transforma a primeira delas – o *William Wilson*, de E. A. Poe – em *Stephen Stevensen*. A tradução imperfeita distancia-se da trama do original em favor do desdobramento de sua lógica de construção, num mecanismo de reduplicação infinita de histórias. *La Ciudad Ausente*, de Ricardo Piglia, é essa máquina-arquivo propulsora de uma rede de ficções virtuais. Seu mito de origem é a disseminação de duplos que se transformam em replicantes, como garantia contra a morte e o esquecimento do relato – "uma invenção muito útil porque aos poucos os velhos estavam morrendo"[2]. O desaparecimento e a ausência são motores poderosos para o ato de dar forma a mundos possíveis e por eles tornar presente o objeto perdido, como foi a morte de Beatriz para Dante, a de Elena Obieta para Macedonio Fernández. O texto é essa mulher-máquina guardiã da memória do futuro – uma espécie de Sherazade-autômato que, como tal, "vence o tempo, a pior das pragas, a água que gasta as pedras"[3].

À maneira de toda "recuperação mnemônica"[4], o texto concatena o tempo e o esquecimento, a imagem-recordação e a identidade de quem recorda. No âmbito das realizações literárias contemporâneas, as técnicas informáticas atuais, como antes as retóricas, são capazes de modificar a relação entre memória pessoal e texto ou entre memória pessoal e mundo. Para Simônides, fundador da arte da memória, o caráter discursivo do processo mnemônico encontra apoio na metáfora da viagem, do deslocamento espacial – "tradução das lembranças em *imagines* e colocação destas últimas em *locis* de um ambiente conhecido não eram nada além de expedientes capazes de materializar momentaneamente essa metáfora"[5]. A ela os meios mais avançados de armazenamento de dados na atualidade acrescentaram uma outra, ligada à navegação. Navegar é, no caso, a leitura dirigida para o acesso à rede de informações e aos agenciamentos relacionais que os aparelhos de multimídia colocam à disposição do leitor-navegante.

Com base em ambas as metáforas de nítido teor espacial, parece interessante pensar o texto contemporâneo, do qual *La Ciudad Ausente* é um exemplo paradigmático, a partir da noção de *hipertexto*, como formulada pelos estudiosos das tecnologias da inteligência. Do ponto de vista técnico, segundo Pierre Lévy, o hipertexto é

[...] um conjunto de nós ligados por conexões. Os nós podem ser palavras, páginas, imagens, gráficos ou parte de gráficos, sequências sonoras, documentos complexos que podem eles mesmos ser hipertextos. Os itens de informação não são ligados linearmente, como em uma corda com nós, mas cada um deles, ou a maioria, estende suas conexões em estrela, de modo reticular. Navegar em um hipertexto significa portanto desenhar um percurso em uma rede que pode ser tão complicada quanto possível. Porque cada nó pode, por sua vez, conter uma rede inteira[6].

Na rede de interfaces que é o hipertexto, a velocidade – o clique sobre um botão, a quase instantaneidade de passar de um nó para outro – é a interface que reforça o princípio da não linearidade da leitura-navegação, ao mesmo tempo que denuncia o ritmo cada vez mais rápido de armazenamento de informações no âmbito da esfera tecnocientífica. À velocidade alia-se a leveza: ao contrário dos pesados volumes dos livros, que têm na página a unidade de dobra elementar do texto, o hipertexto "permite todas as dobras imagináveis", "redobra e desdobra à vontade, muda de forma, se multiplica, se corta e se cola de outra vez de outra forma"[7]. A leveza viria a constituir-se, assim, para dizê-lo com Italo Calvino, "uma outra óptica, uma outra lógica, outros métodos de conhecimento e verificação"[8].

Nesse sentido, teríamos uma concepção de memória textual enquanto *superfície* e *espaçamento*, o que esvaziaria a dinâmica da lembrança de toda profundidade metafísica e propiciaria um agenciamento inesperado de significações, no qual cada significação suplementar transformaria o funcionamento e o significado do conjunto. No caso da leitura do texto contemporâneo, não se trataria de promover a totalidade da memorização de seus elementos constitutivos, operação em princípio possível, mas irrealizável, em razão do acúmulo de citações, apropriações e referências artísticas e literárias que concorrem para sua produção. O caminho mais proveitoso é estabelecer intervenções pontuais e atividades interpretativas singulares, da perspectiva de uma atenção flutuante, sem ancoragem delimitada. Se atribuir sentido a um "texto" é conectá-lo a outros, é construir um hipertexto, o sentido será sempre móvel, em virtude do caráter variável do hipertexto de cada interpretante: o que importa é a rede de relações estabelecida pela interpretação. Estaria assegurada, dessa forma, uma das virtudes da literatura, segundo R. Piglia, que é a de permitir ao escritor e, por extensão ao leitor, "escapar desses lugares nos quais é comum permanecer fixado"[9].

Novas interfaces e novos modos de comunicação dotam a escrita e a leitura da capacidade de atuarem como uma atividade descontrutora, que se configura pelo deslocamento reticular e não retilíneo, pela operação da passagem e de estabelecimento de contato entre materiais heterogêneos, constantemente mobilizados. Esse é o modo de operação da máquina de Macedonio/Piglia, que se traduz pela concepção contemporânea de escrita e de leitura como uma modalidade *maquínica* de comunicação entre o sistema informático que é o texto e seus usuários humanos – distante da via de afirmação percorrida pelo romance em relação ao seu público leitor no século XIX. À época, ambos trilham simultaneamente um caminho bem demarcado: a leitura do romance expande-se ligada à expansão das ferrovias inglesas, "por isso muitos relatos se passam numa viagem de trem. As pessoas gostam de ler no trem relatos sobre o trem"[10]. A continuidade da história só é interrompida quando serve para melhor reforçar, como no folhetim, a linha reta e segura que leva ao ponto de chegada – da viagem, da própria e alheia história.

Hoje a ficção parece convidar-nos para um outro tipo de viagem. Sem sair do lugar, navegamos pelo "riocorrente" que acolhe no seu leito o material heteróclito que vai formando zonas de condensação e de sentido, que se transformam, se desfazem e se metamorfoseiam ao acaso dos encontros da leitura. Em R. Piglia, a memória desse "riverrum"/ "riocorrente"[11] da abertura do *Finnegans Wake* joyceano é a senha para a proliferação de mundos possíveis que simulam realidades imaginadas que, por sua vez, se reduplicam e simulam outras tantas, até o infinito. O elenco de modelos literários assimilados e reprocessados pela máquina textual compõe um repertório extenso e vário, assinalado explícita ou indiretamente: Dante, Joyce, Macedonio, Bioy Casares, Arlt, Calvino, Borges, Stevenson, Poe, para lembrar apenas alguns nomes, todos eles criadores de universos alternativos da linguagem.

A eficácia da leitura não depende, contudo, do reconhecimento totalizador dessas referências ou da sua integração numa unidade homogênea. Enredos laterais e tramas paralelas superpõem-se e revalidam a intenção programática do texto que, como a máquina, substitui a oposição verdade/mentira pela de possível/impossível, induzindo o leitor a assimilar o mecanismo de "transformar tudo aquilo que já existe numa outra coisa"[12]. A operação por fragmentos define o âmbito de estruturação textual e arma a trama da leitura, ressaltando o tecido dos fios que se multiplicam sem cessar, à revelia de qualquer tentativa de uma articulação definitiva.

Nesse sentido, a interação do texto com o leitor parece repetir, para inverter, um procedimento técnico próprio ao universo do usuário da televisão: o *zapping*. Como Beatriz Sarlo mostrou em *Escenas de la Vida Posmoderna*[13], o *zapping* delega ao espectador o poder de cortar, montar e embaralhar imagens truncadas, provenientes das mais diversas câmaras e nos mais variados lugares. A coordenação que preside a pseudomontagem tem o objetivo de preencher os silêncios ou brancos intervalares, impedindo que a atenção se detenha numa imagem ou num conjunto significante de imagens, "forçando" a satisfação prazerosa do espectador diante de estruturas já conhecidas.

Em *Se una Notte d'Inverno un Viaggiatore*, de Italo Calvino, o autor utiliza procedimento semelhante, ao construir a narrativa pelo acúmulo e embaralhamento de enredos próprios à literatura de massa, intercalando-os, no entanto, com capítulos autorreflexivos que detêm a atenção do leitor e o fazem especular sobre as condições de leitura e as peripécias em curso na narrativa. O procedimento tem alvo certo: ao mudar de "canal" ou de capítulo, o leitor se depara com um branco ou vazio que interrompe a continuidade e a coordenação da história narrada, vendo-se desalojado da cômoda posição de mero consumidor de imagens ou histórias pré-fabricadas.

Atitude semelhante do narrador – assumidamente *perversa* ao inverter a expectativa do leitor – revela-se em *La Ciudad Ausente* pela duplicação incessante de histórias que raras vezes se completam e vão se superpondo no texto, sem coordenação ou subordinação aparente. Tem-se um processo recorrente de desestabilização do enunciado, que se desenvolve concomitante à babelização textual, como se a máquina narrativa assimilasse a energia contida na atitude de Lazlo Malamud: tradutor do *Martín Fierro*, o exilado húngaro é incapaz de narrar sua experiência na língua de Hernández – "esse homem que tentava se expressar numa língua da qual só conhecia o seu poema maior era uma metáfora perfeita da máquina de Macedonio. Contar com palavras perdidas a história de todos, narrar numa língua estrangeira"[14].

A proposta da máquina de Macedonio/Piglia, ao advogar o ruído da comunicação e o estranhamento de códigos já conhecidos, alia-se a favor da *poluição* da linguagem, entendida como energia capaz de desautorizar a palavra monológica, singular e totalizadora. Tal como a escrita *cyborg*, cujos traços Donna Haraway[15] delineou com precisão, o relato apresenta-se como um organismo cibernético híbrido, ligado à realidade social e à ficção, habitado por seres simultaneamente humanos e maquínicos: Julia Gandini que é Elena que é Eva que é Evita que é Grete que são autômatos que se creem humanos, ou vice-versa. Como imagem condensada da imaginação e da realidade material, os personagens *cyborgs* assemelham-se aos "nódulos brancos"[16] cujos códigos genético e verbal têm o mesmo padrão. São criaturas que colocam em xeque a história da origem, uma vez que não dependem do mito da unidade original, "da totalidade êxtase e terror, representados pela mãe fálica da qual todos os humanos têm de separar-se na tarefa do desenvolvimento individual e da história"[17].

Assim como a escrita que lhes dá forma, os *cyborgs* são seres parciais que assinalam, de maneira perturbadora, a conexão entre natureza e cultura, no horizonte tecnológico da atualidade: "as máquinas das últimas décadas do século XX tornaram ambígua a diferença entre natural e artificial, corpo e mente, autodesenvolvimento e projeto exterior"[18]. Máquinas e organismos são textos codificados, através de cuja mediação pode-se escrever e ver o mundo, que apresenta todas as suas totalidades orgânicas irremediavelmente subvertidas. Há apenas superfícies reticulares onde proliferam espaços e identidades e onde as fronteiras entre corpo pessoal e corpo político são rasuradas e permeáveis.

Ao efetuar tais articulações e passagens, *La ciudad ausente* simula o modelo de funcionamento alucinatório da menina Laura, também ela uma replicante, "uma máquina lógica ligada a uma interface errada"[19]. Num contexto marcado pela ruína da representação, o reforço das "extravagâncias da referência"[20], ou a anulação da própria referencialidade, marca a "ilha" da linguagem, metonímia do livro em que se insere:

> Eu vou fazer que o senhor veja esse lugar onde os nódulos brancos se abriram, é uma ilha, no braço de um rio, povoada de ingleses e de irlandeses e de russos e de gente que chegou de todas as partes, perseguidos pelas autoridades, jurados de morte, exilados políticos. Eles se esconderam ali anos a fio; na margem da ilha foram construídas cidades e estradas e eles exploraram a terra seguindo o curso do rio e agora nessa região todas as línguas se misturaram, pode-se escutar todas as vozes[21].

Território da literatura, ilha do tesouro e de edição da diferença, ela se constrói à margem, a partir de resíduos de uma outra ilha, a de *La invención de Morel*, de Bioy Casares, modelo privilegiado do livro. Sua capital é uma palavra-colagem-citação que agrega múltiplos sentidos e reminiscências literárias: Edemberry Dubblenn DC. A instabilidade da categoria do estrangeiro e a inexistência da divisão dentro/fora permitem considerar a ilha uma contraleitura política do espaço *nacional* enquanto espaço da exclusão. Trata-se de pensar a literatura como um bem comum, cuja prática define-se pela problematização dos limites culturais e pelo confronto com o aparato estatal e mercadológico.

À semelhança da máquina "que se expande e se retrai e capta o que acontece"[22], o relato constitui-se como foco de resistência às mentiras do Estado, fazendo proliferar sua produção ficcional pela inversão do direcionamento de suas fabulações e complôs. É como, por exemplo, se o megarrelato das Malvinas fosse ficcionalizado por vias oblíquas e tortuosas, para tornar mais visível o seu caráter de ficção do Estado: "A inteligência do Estado é basicamente um mecanismo técnico destinado a alterar o critério da realidade. É preciso resistir. Nós tentamos construir uma réplica microscópica, uma máquina de defesa feminina, contra as experiências e os experimentos e as mentiras do Estado"[23]. Para tanto é necessário que as mulheres-máquinas desmemoriadas de *La Ciudad Ausente* recuperem a potência radical existente no ato de contar histórias, de precipitar-se no romance-rio como forma de examinar o fluir revolto das águas da história. O monólogo final da máquina enlouquecida, retomada da fala de Molly Bloom no final de *Ulysses*, de Joyce, reitera o compromisso e o desejo de levar adiante "o relato eterno, onde tudo volta a começar" – "eu me arrasto às vezes, mas vou seguir, até a beira da água, sim"[24].

Esse ato de afirmação do lugar do objeto literário na contemporaneidade é sempre busca de uma identidade diferenciada. Escrever é libertar a linguagem e o pensamento da subordinação ao real e a formas já instituídas: escrever é desconstruir. A liberdade do escritor consiste em fazer da literatura uma estratégia de descentramento, uma dinâmica de transformações, acréscimos, inversões e apropriações do vasto repertório herdado da tradição. Na era da mediatização total da experiência, a literatura pode ser considerada como forma liminar de representação social, internamente marcada pela diferença cultural e por novas possibilidades de sentido e significação. O circuito então instaurado de imagens e signos, em remissão intermitente, cria espaços propícios para o confronto dos múltiplos conteúdos do saber contemporâneo, estabelecendo um processo intersemiótico que se efetiva por meio de uma relação interlocutória em que produtor e receptor podem exercitar, em larga medida, sua atenção crítica e sua capacidade reflexiva.

A construção do objeto literário enquanto objeto artístico depende, a par das imposições mercadológicas, dessa mútua interferência e da situação interpretativa que, configurada pelo diálogo entre autor, texto e leitor, funciona como resistência à totalização do sentido e à leitura unificadora. Fazer literatura é fazer arte, no duplo sentido da expressão: uma forma compartilhada de redimensionamento da heterogeneidade própria às práticas sociais, políticas e culturais, uma abertura de caminhos para a desestabilização de identificações confortadoras. No universo das produções de massa, a perda da aura da obra de arte é compensada, por reversão irônica, pela encenação da variável individual da autoria, que se postula como marca de distinção entre originalidade e estereotipia. Institui-se, assim, uma certa lógica de exacerbação da perspectiva estetizante, signo de legitimação artística do texto e via de contraposição à uniformidade inerente aos produtos feitos em série.

A ficção contemporânea desafia de modo intrigante a conexão cada vez maior que passamos a manter com a rede de relações e interfaces que compõem o aparato maquínico que nos cerca e nos define. A busca de uma linguagem comum que seja capaz de dar conta desse outro admirável mundo novo coloca-se em termos de um processo de tradução no qual "toda a heterogeneidade possa ser submetida à desmontagem, à remontagem, ao investimento e à troca"[25]. Traduzir é marcar intervalos e passagens, ultrapassar fronteiras e alargar limites. É o quanto basta para justificar e manter vivo e em funcionamento o organismo-máquina da literatura na atualidade.

1995

A Liberdade do Pastiche

A Organização do Poder Apócrifo (APO) dedica-se com afinco, desde sua fundação, à busca de livros secretos e à captura e falsificação de manuscritos. Embora sua central de operações se localize estrategicamente no Japão, em razão da reconhecida habilidade dos japoneses em fabricar réplicas perfeitas de produtos alheios, a APO ramifica-se por toda parte, inundando o mundo de textos apócrifos. Cindida por lutas internas, divide-se atualmente em dois grupos rivais – a seita dos Iluminados e a seita dos Niilistas. Os primeiros, sequazes do Arcanjo da Luz, acreditam que é no meio dos livros falsos que se encontram os poucos livros verdadeiros; os segundos, sequazes do Arconte da Sombra, creem que somente a contrafação, a mistificação e a mentira intencionais podem representar, em um livro, a verdade não contaminada pelas pseudoverdades dominantes.

Apesar dessas inevitáveis nuances *ideológicas*, ambas as facções partilham fervorosamente do sonho de Ermes Marana, seu fundador, ou seja, o de uma literatura toda de apócrifos, falsas atribuições, imitações, cópias, plágios, pastiches. Dessa organização imaginária, criada por Italo Calvino em *Se una Notte d'Inverno un Viaggiatore* (1979), poderia fazer parte um grupo eclético de escritores e textos, a começar pelo próprio Calvino e seu livro, junto, por exemplo, com

Umberto Eco e *Il Nome Della Rosa* (1980), Ricardo Piglia e *Nombre Falso* (1975), Silviano Santiago e *Em Liberdade* (1981), deixando claro que o lugar de decano ou presidente de honra caberia sem dúvida e por direito adquirido a Borges ou a seu alter ego Menard.

Inseridos no espaço do que John Barth chama de *literatura da exaustão*[1], esses textos têm como herança o esgotamento da experiência do eu singular e da prática estilística de expressão estritamente pessoal dessa mesma experiência. São filhos, até certo ponto constrangidos, dos "pais sábios e autoritários"[2] da Modernidade, dos monstros sagrados, reificados e já institucionalizados que deram por concluído o ciclo de invenção dos estilos que ainda podiam ser inventados. O que resta a eles, de novo, senão a pilhagem e o pastiche ao infinito de estilos os mais variados – eruditos ou populares – para que o silêncio seja vencido, para que histórias possam ainda ser contadas?

A vocação ou a tentação maior a que sucumbe, com prazer e angústia, quem conta essas histórias é a do *copista*, que vive contemporaneamente em duas dimensões temporais – a da escrita e a da leitura. Copista e também investigador, o narrador identifica-se então com o leitor, na tarefa de escarafunchar arquivos e textos, levantar dados, fazer conjecturas, seguir pistas labirínticas, decifrar letras esmaecidas, correr atrás de cartas e diários perdidos, maquinar, tramar, fraudar... Quem o criminoso, quem o detetive, nessa relação deleitosa, delituosa e transgressora com a cultura?

Nada mais natural, portanto, que esses textos assumam e incorporem a forma de um gênero como o romance policial, em que a figura do leitor é sempre tematizada ou dramatizada, pois se é ao detetive que cabe decifrar os dados para a solução do enigma a ser decifrado, sua decifração faz-se simultânea àquela empreendida pelo leitor no desenrolar da leitura. História de conjectura por excelência, a narrativa policial coloca em cena a interpretação como questão da sua própria incompletude, bem como a incompletude da tarefa cega de seu intérprete.

Em *Se una Notte d'Inverno un Viaggiatore*, dez narrativas *policiais*, ou melhor, dez possibilidades de contar e recontar a mesma e outras história são interrompidas por capítulos metalinguísticos cujos personagens principais, um Leitor e uma Leitora, buscam encontrar o livro ou os livros que contenham por inteiro as histórias interrompidas. Pseudorromance de enredo que se constrói a partir da sua própria desconstrução ou do pastiche e *pasticcio* de enredos, a força motriz do texto de Calvino é, pois, "o desejo de contar, de acumular história sobre história"[3] e tem como resultado algo composto de "matéria bruta, peças de posição, engrenagens para montar e desmontar"[4].

É num mundo semelhante a esse, onde convivem em tensão restos e rejeitos de materiais narrativos destroçados, que se inscreve *Homenaje a Roberto Arlt*, conto de Ricardo Piglia inserido em *Nombre Falso*. Trata-se do relato dos percalços enfrentados pelo autor na busca de um conto inédito de Arlt, intitulado *Luba*, do qual Piglia tem notícia por um caderno de anotações de Arlt, que lhe chega às mãos por intermédio do proprietário do galpão alugado a Arlt e a um sócio, onde ambos montam um laboratório destinado à fabricação experimental de meias elásticas.

A homenagem a Arlt é feita mediante a reprodução comentada do seu caderno, no qual se misturam aleatoriamente as anotações das experiências laboratoriais, a carta pedindo o registro da patente das meias, o projeto da história de um Borgia menor que trama um crime perfeito, o esboço de *Luba* e, finalmente, as cartas trocadas entre Arlt e Saúl Kostia, o qual tem em seu poder – descobrem narrador e leitor – as páginas que faltam no caderno, as mesmas do conto objeto da investigação. Kostia apropria-se do conto e o publica como sendo seu e com o título de *Nombre Falso: Luba*, no jornal *El Mundo*; Piglia, depois de comprá-lo de Kostia, transcreve-o com o título de *Luba* como apêndice do seu livro *Nombre Falso*.

A questão da propriedade do texto de Arlt – sabemos desde o início do relato de Piglia – é o que está em jogo: o conto é de Roberto Arlt ou é de Saúl Kostia, que o falsificava para vendê-lo a Piglia, ou é do próprio Ricardo Piglia, que homenageia o mestre incorporado-o e reproduzindo seu estilo, sua técnica, seus temas favoritos? Qualquer que seja a resposta, o que se constata é uma firme contraposição à óptica individualista de manutenção e defesa da propriedade literária – "a propriedade é um roubo", aparece sublinhado nas anotações de Arlt.

Para fugir dos textos pasteurizados, feitos em série e de acordo com o gosto do público e com a demanda mercadológica, para escarpar da uniformidade liberal da voz própria a que são conduzidos os escritores, a única saída é o enfrentamento da contradição entre escritura social e apropriação privada, mediante a proliferação de vozes, o falar através de máscaras e com a voz alheia. Só assim a "máquina polifacética" (Arlt/Piglia) que é a literatura pode continuar funcionando, sem emperrar de vez.

Postura semelhante assume Calvino, que ironicamente pela boca de Silas Flannery, escritor de *best-sellers* em crise de criação, ou melhor, de produção, declara: "O estilo, o gosto, a filosofia pessoal, a subjetividade, a formação cultural, a experiência vivida, a psicologia, o talento, os truques da profissão: todos os elementos que fazem com que o que escrevo seja reconhecível como meu, me parecem uma jaula que limita minhas possibilidades"[5]. Mais adiante Flannery conclui: "Só quando se tornar natural usar o verbo escrever no impessoal poderei esperar que através de mim se expresse alguma coisa menos limitada que a individualidade de cada um"[6].

Nesse projeto perigoso de ir contra os limites do indivíduo e contra o caráter *concentracionário* da escrita engaja-se também *Em Liberdade* de Silviano Santiago – transcrição do pretenso diário que Graciliano Ramos teria escrito após deixar o cárcere em 1937. O objeto de investigação é de novo o livro: não só os manuscritos que chegam às mãos de quem o transcreve mediante uma série de peripécias dignas de uma narrativa policial, mas também o projeto do conto-investigação tramado pelo diarista Graciliano sobre o *suicídio* do poeta inconfidente Cláudio Manoel da Costa.

A quantas mãos e de quantas vozes se faz um texto, sem a "batuta de um maestro"[7] ou sem privilegiar a enunciação de tal ou qual mestre – eis a questão a que *Em Liberdade* procura dar forma. Para tanto, o texto é proposto ao leitor como uma "caligrafia"[8] a ser decifrada e cujo trabalho de decifração reitera em abismo o próprio trabalho textual, já que este é dado, desde o início, como leitura decifratória de um outro texto.

A dramatização da experiência da leitura passa a ser fundamental: o narrador, então distanciado da ação narrada, identifica-se com o leitor no olhar que lançam juntos ao outro. No decorrer dessa interação, ou mesmo já no seu início, um curto-circuito interrompe e compromete a relação amistosa entre ambos, quando o leitor percebe que está envolvido num jogo de mostrar e esconder que não lhe permite afirmar com certeza de quem é o diário. Se este soa falso, como as lendárias moedas gideanas aludidas na apresentação do livro, é porque, nas palavras de Gide via Arlt e Piglia,

> Em nosso tempo o escritor se crê o centro do mundo. Trapaceia à vontade. Engana a opinião pública, consciente ou inconscientemente. As pessoas que têm dificuldades para escrever até para suas famílias acreditam que a mentalidade do escritor é superior à de seus semelhantes. Todos nós, que escrevemos e assinamos, fazemos isso para ganhar nosso pão. Nada mais. E para ganhar nosso pão, não vacilamos em afirmar que o branco é preto e vice-versa. As pessoas querem encontrar a verdade e nós lhes damos moeda falsa. É o ofício, o "métier". As pessoas pensam que recebem a mercadoria legítima e pensam que é matéria-prima quando se trata apenas de uma falsificação tosca de outras falsificações que também se inspiraram em falsificações[9].

No espaço fraturado onde se cruzam verdades e falsificações, onde os limites das convenções literárias e dos lugares-comuns ideológicos são excedidos, o escritor repete, desvia, trai e ficcionaliza o que lê, com o intuito deliberado de decepcionar o leitor. Parece cumprir-se, assim, o que, no dizer de Calvino, é a função primordial do romance hoje, a de "despertar um fundo de angústia insepulta, como última condição de verdade que o resgate do destino de produto em série do qual não poderá subtrair-se"[10].

Diante desses textos e das questões que propõem, cabe, enfim, repetir a dúvida de Fredric Jameson a respeito das produções culturais da pós-modernidade: trata-se de reiterar a lógica do capitalismo da sociedade de consumo ou de resistir estrategicamente a essa mesma lógica? A resposta talvez possa ser buscada em *Luba*.

Num prostíbulo em Buenos Aires, Enrique, um jovem anarquista, refugia-se da polícia, fingindo ser um cliente da casa, e escolhe como companheira Luba, cuja especialidade é a de fingir-se uma virgem inocente. A conversa deles no quarto, girando em torno da experiência de vida de cada um, constitui a base do conto, que termina com a decisão de Luba de abandonar o prostíbulo e juntar-se ao grupo revolucionário de Enrique e à ação política.

Como destaca Aden Hayes[11], o texto retoma um dos mais caros temas de Arlt: a descoberta do poder da arte de narrar, pelo qual os personagens, frustrados e derrotados, descobrem em si mesmos um potencial de triunfo como narradores, salvando-se pela participação no ato criador do outro. O conto atua, então, cumpre acrescentar, como ruína alegórica da capacidade de narrar, da possibilidade de sobrevivência da palavra escrita na era da imagem e do espetáculo.

Apesar da sociedade policialesca e android dos *mass media*, é possível resistir: o diarista Graciliano retoma a invenção de novas histórias, Leitor e Leitora de Calvino, quando afinal encontram o livro desejado, vão juntos para a cama, Luba e Enrique ainda sonham e lutam pela revolução.

1989

A Memória de Borges

Para a Eneida, borgiana

A Memória, este bem tão necessário à vida, não é fácil dizer quem a teve em maior grau, tanto são os que conquistaram a fama dela. O rei Ciro chamou pelo nome todos os soldados, no seu exército; L. Cipião, cada cidadão romano; Cíneas, embaixador do rei Pirro, ao senado e à ordem equestre de Roma, no dia seguinte ao da sua chegada. Mitridates, rei de 22 nações, administrou a justiça em todas as línguas, falando cada uma delas na Assembleia sem intérprete. Na Grécia, Cármadas reproduziu como se tivesse lido todos os livros que alguém lhe indicava na biblioteca. Depois disso, tornou-se uma arte, inventada pelo lírico Simônides, aperfeiçoada por Metrodoro Cépsio, de tal modo que se repetisse literalmente tudo que foi ouvido. Nada há tão frágil no homem: alterando-se com uma doença, uma queda, ou ainda um susto, ora parcialmente, ora completamente. Um, atingido por uma pedra, esqueceu somente as letras; outro, tendo caído de um leito muito alto, perdeu a memória da mãe, dos vizinhos e dos parentes; este outro, doente, esqueceu os escravos; o orador Messala Corvino esqueceu seu próprio nome. Muitas vezes também a memória se apaga, mesmo em repouso e com saúde; é interrompida pela aproximação do sono, de modo que a cabeça vazia fica procurando onde está.

PLÍNIO, *História Natural, Livro VII.*

Uma memória extraordinária, capaz de guardar tudo para sempre, é a matéria de um conhecido texto de Borges – "Funes el Memorioso". A história é simples e espantosa: de férias em Fray Bentos, no Uruguai, o narrador conhece Irineo Funes, um jovem do lugar, imobilizado por uma paralisia acidental que lhe deixa como sequela o estranho dom de nunca se esquecer de nada. A abordagem desse outro tipo de imobilidade é feita sob a forma de testemunho para um volume em memória do obscuro "compadrito", tornado então personagem de uma sorte de *De Viris Illustribus* dos subúrbios.

O conto é ambientado na localidade onde o autor costumava passar férias de verão com a família, na casa dos primos Haedo, como para salientar a origem rio-platense dos antepassados maternos. Mas os acontecimentos narrados são anteriores ao nascimento de Borges, o que introduz um primeiro deslocamento no referente autobiográfico e um significativo desvio no tocante à precisão cronológica que distingue a figura a ser retratada, o "cronométrico Funes"[1]. Por essa e outras vias, o monumento *funerário* que o relato simula erigir vai paulatinamente sendo erodido, a favor de outro texto que, subreptício, vai se revelando – "uma história visível esconde uma história secreta, narrada de um modo elíptico e fragmentário"[2].

A história visível trata da memória totalizadora do personagem ironicamente homenageado e de sua percepção extrema e particularizada da realidade imediata. Incapaz de esquecer e representar, de abstrair e generalizar, Funes é condenado a ser apenas "espectador de um mundo multiforme, instantâneo e quase intoleravelmente preciso". Impossibilitado de agir e pensar, não consegue construir uma história própria e nela constituir-se como sujeito, restando-lhe a repetição de feitos tanto ou mais memoráveis do que os da *Naturalis Historia*, de Plínio – "ut nihil non iisdem verbis redderetur auditum".

Uma memória infalível nega-se a si mesma: sem esquecimento não há reminiscência possível. A perda do objeto é condição necessária para sua posse – "Só o que morreu é nosso, só é nosso o que perdemos", diz Borges em um de seus poemas[3]. No "abarrotado mundo" de Funes não há lugar para os brancos e vazios sem os quais não se delineia a urdidura temporal constitutiva da memória e da perspectiva histórica que a encerra. À margem do tempo, por estar nele imerso em demasia, Funes é seu próprio epitáfio, "monumental como o bronze, mais antigo que o Egito, anterior às profecias e às pirâmides". Mesmo reduzida ao estado de uma "memória-dicionário"[4], sua voz traz latente, contudo, a possibilidade de um idioma apto a narrar inúmeras e desconhecidas peripécias, como forma de vencer a repetição ventríloqua do passado e a prisão ao imediato dos fatos concretos.

Começa aí a história secreta do conto. Ela se insinua por meio do tom antigo dos nomes e expressões latinas, bem como através das referências eruditas e mitológicas disseminadas nesse *Thesaurus* que é o texto borgiano. Pode-se então pensar essa outra história como uma sutil reflexão sobre o ofício do narrador, tendo em vista sua relação com a memória e a tradição. Descontínua e fragmentária, ela se contrapõe, desde o início, ao mundo da pura continuidade de Funes, onde a representação se dá de forma especular – à maneira de uma cartografia em que o mapa "tinha o tamanho do império e coincidia pontualmente com ele"[5] – e onde a infalibilidade da memória esvazia a função de adivinho do passado e de testemunha dos tempos antigos que caberia ao (H)aedo.

Considerado como metáfora da insônia, para seguir a pista fornecida por Borges, o conto permite identificar na articulação entre dormir e esquecer – numa palavra, em *imaginar* – a condição primordial para a existência de toda e qualquer narrativa, escrita ou oral. Nesse sentido, a memória vacilante e precária do narrador, a todo momento necessitando afirmar-se ("me lembro... me lembro"), é o selo de garantia da narratividade do relato, que adquire foros de uma história não natural como toda história, uma vez que artificialmente[6] construída por um ponto de vista seletivo e ordenador. Funes desliza assim do nível do documento para o da ficção, como acontece com os personagens históricos transcritos do livro de Plínio, cujos feitos extraordinários reforçam o aspecto meio fabuloso, meio mágico, do novo texto em que se inserem.

No tocante à posição do narrador, percebe-se processo semelhante, na medida em que a voz narrativa também se ficcionaliza, ao apropriar-se da inflexão da voz de Funes, vinda de um fundo escuro (do tempo), como "um discurso ou prece ou encantamento". A recuperação desse traço ancestral do narrador – que Funes canhestramente emblematiza – reitera a distância que os separa, a Funes e ao narrador, e que se expressa na atitude passiva e no modo de repetição literal do primeiro, em contraste com a ação interventora e com o modo de repetição diferenciada do segundo.

De maneira alusiva, acha-se aí encenada uma das questões talvez mais instigantes do conto: a relação do narrador e, por extensão, do escritor com a tradição, entendida esta última enquanto memória e leitura, tradução e transformação. Basta que se pense na articulação dos livros latinos – "livros anômalos", depositários de um saber a princípio estranho e estrangeiro – com o "pobre subúrbio sul-americano" onde são lidos ou traduzidos, por meio do dicionário pelo personagem ou através do método da apropriação livre pelo narrador. A dificuldade de acesso a tais livros é, no caso, indício irônico da compulsão meio anacrônica de manter-se no compasso da tradição cultural do Ocidente, monumentalizada em excesso no *Gradus ad Parnassum* para melhor expressar a anomalia desse tipo de leitura e a posição do leitor do subúrbio, convertido em "despejo de lixos", quando limitado à mera função de aparelho registrador. Por artes da simulação, o cosmopolitismo do texto borgiano adquire uma dicção estranhamente familiar, convertendo o elemento local em seu oposto e o que parece vir de fora em algo assimilado na sua integridade, como se pertencesse, desde sempre, à tradição local – o latim do narrador portenho é insuficiente, como ele mesmo declara, mas o provinciano Funes o aprende de uma só vez e palavra por palavra, como se já o soubesse há muito tempo.

Ao contrário do ponto de vista insone e vigilante de Funes, diferente da sua memória funesta, fica claro que da perspectiva borgiana ler ou escrever "é distrair-se do mundo", esquecer o contorno preciso dos objetos e os sentidos previamente instituídos, entregando-se à tarefa cega de margear fronteiras e inventar precursores. Ao situar-

-se não apenas em uma, mas nas duas margens do Rio de La Plata, no espaço ao mesmo tempo argentino e uruguaio que de certa forma Fray Bentos condensa, a ficção da origem (simulada) do narrador configura a dupla tradição na qual Borges se reconhece e, segundo R. Piglia, a partir da qual escreve: a dos antepassados militares ligados a feitos heroicos da história argentina e a dos antepassados culturais que organizam a linhagem literária e o culto dos livros, ambas as partes convertidas na saga familiar de que o autor irá tratar e que o retratará ao longo de sua obra – memória e biblioteca[7].

A escrita é aí análoga à leitura – o ponto vital de ambas consiste em converter os dados acumulados pela memória familiar no signo estrangeiro que inaugura um novo tempo de atuação. Em outras palavras: em esquecer de lembrar, já que "recordar é trivializar ou, ainda, tornar a viver, como num memorial"[8]. Mais do que resultado do aludido ato de converter, a escrita-leitura é um movimento de inversão (ou perversão?) do sujeito, através da apropriação da memória "shakespeariana" do outro. Daí, segundo a conhecida formulação de Borges, serem os bons leitores – leitores-escritores, vale acrescentar – "cisnes mais negros e singulares que os bons autores"[9]. Só assim o aspecto memorial de toda escrita pode surgir sempre reinventado – o *livro novo*, para dizê-lo com R. Barthes e A. Compagnon:

> Todos os livros que li formam em mim uma biblioteca. Não, porém, bem ordenada, os volumes não estão em ordem alfabética, não existe catálogo. E todavia é exatamente assim, uma memória na qual se acumulam as minhas leituras. [...] Esse armazém não se limita ao meu saber consciente; a menos que tenha feito um diário de todas as minhas leituras, pode ser que aquela que mais significou para mim seja a que me escapa à lembrança. [...] Além do que, é necessário corrigir o ponto de vista dos antigos: o conjunto das minhas leituras não constitui a minha memória mas sim o meu sintoma, não é tanto os livros que sublinhei, que marquei com meu nome e de que me apossei, quanto aqueles que me marcaram e ainda me possuem. É através deles que leio, que recebo o livro novo[10].

1997

Memória: Modos de Usar

> *Queria endurecer o coração, eliminar o passado,*
> *fazer com ele o que faço quando emendo um período*
> *– riscar, engrossar os riscos e transformá-los em borrões,*
> *suprimir todas as letras, não deixar vestígios de ideias*
> *obliteradas.*

GRACILIANO RAMOS/SILVIANO SANTIAGO

O poema em epígrafe intitula-se "Estoicismo Estético" e faz parte do volume *Crescendo Durante a Guerra numa Província Ultramarina* (1978), de Silviano Santiago. Como os demais textos que o compõem, é uma apropriação do texto do Outro, um modo de falar de si e do processo da escrita, ambos em diferença a cada novo livro publicado – suplemento de um *vazio* que a letra deseja, contorna, rememora, desfaz e condensa no horizonte da forma enfim provisoriamente alcançada. Propõe uma grafia da rasura, mobilizada como estratégia para dar conta – ou fazê-las prestar contas? – da tradição literária e das histórias de família, cujos elementos são forçados a se deslocarem de uma série para a outra, alternando e superpondo, ao mesmo tempo, vida e experiência artística.

A originalidade e o alcance da operação medem-se por esse trânsito de mão-dupla da reminiscência que se delineia como uma *dobra*, um dispositivo da escrita em que o sujeito e o texto indiciam um aquém da palavra – o corpo que se dá então a ver como linguagem. Corpo físico onde se inscreve o corpo político. "Queria endurecer o coração": forma de um condicional, de uma formação reativa que inviabiliza o "estoicismo estético", enunciado irônico, transformado ele próprio em matéria da memória e da escrita.

Essa memória configura-se pela função escópica da linguagem, presente desde o primeiro romance de estreia, em 1974. Paga a dívida com o *nouveau roman* pelo jovem professor de literatura francesa, abre-se em *O Olhar* a possibilidade mesma da criação ficcional:

> O buraco da fechadura se desobstrui dando largas à imaginação e revela microscopicamente o quadro dos corpos nus sobre a cama. Num raio fita-o a voz do companheiro ouvida naquele mesmo dia.
> Você acha que eles dormem junto pra quê?[1]

A visão da "cena originária" revela para o menino a direção tortuosa dos caminhos do desejo e, ao escritor, os traços que irão especificar o procedimento memorialístico de seus textos por vir. A reminiscência estará sempre ligada a esse primeiro olhar – mentiroso-verdadeiro – que retorna como memória do que foi ou poderia ter sido, não como repetição do triângulo edípico, mas *origem* da narrativa e sua inserção numa história pessoal e social determinada.

Não é outro o caso de *O Falso Mentiroso: Memórias* (2004), em que a lembrança autobiográfica prometida pelo título é desmentida pelo paradoxo que anuncia, embora a foto do autor ainda bebê na capa do livro pareça desfazer o complexo pacto de leitura do livro. Mas é o personagem quando criança, ao se negar a comer, que aproxima temporalidades e textos distintos, numa remissão incessante, própria à obra de Silviano Santiago: "Banguela, meu filho" – rosnava pelos quatro cantos da casa. 'Não mastiga, não vai falar. Vai ciciar. Não vai articular sons, vai grunhir que nem pata choca'"[2]. Mas o menino, "priminho antropófago"[3] sente prazer quando morde Dorothy, num jogo sexual precoce, meio inocente, meio perverso.

Em "O Piano", conto de *O Banquete* (1970), a criança é punida por morder os outros na rua. A reação do pai é violenta, ao lavar a boca do filho com sabão de barra: "A espuma sufocava. Tossia, formava bolhas nos lábios. A mão pesada lambuzava o rosto. A potassa do sabão feria o tecido delicado, lágrimas escorriam"[4]. A mordida é uma não fala – ou fala interdita – que inscreve no corpo do futuro escritor uma memória do acontecimento que demanda a escrita e somente nela adquire forma e sentido, vale dizer, torna-se comum, comunicável.

Como na epígrafe de *Stella Manhattan* (1985) – nas palavras de Kafka: "Deus não quer que eu escreva, mas eu sei que devo escrever"[5] –, essa inscrição requer o trabalho paciente e violento de desconstruir, desejo de "suprimir todas as letras", do poema antes citado – trabalho de esquecimento e memória. Por isso, o escritor tira partido da margem de onde fala, que em um texto crítico de 1978, "Vale Quanto Pesa", publicado no livro homônimo, declara-se como um *entrelugar*, noção que já se mostrara antes como operadora de leitura em "O entre-lugar do discurso latino-americano" (1971). Em "Vale quanto pesa", lê-se:

> É nesse entrecruzar de discursos, já que é impossível apagar o discurso europeu e não é possível esquecer mais o discurso popular, que se impõe o silêncio do narrador-intelectual e que se abre a batalha da paródia e do escárnio, é aí que se faz ouvir o discurso do dominador e do dominado. É neste pouco pacífico entre-lugar que o intelectual brasileiro encontra hoje o solo vulcânico onde desrecalcar todos os valores que foram destruídos pela cultura dos conquistadores [...] É ainda neste entre-lugar que o romancista vê no espelho, não a sua imagem refletida, mas a de um antropólogo. Um antropólogo que não precisa deixar o seu próprio país[6].

Inspirados pela "teoria da dependência", os dois textos dos anos de 1970 ainda guardam possibilidades teóricas e críticas bastante sugestivas. Embora as relações de dominação tenham-se tornado mais complexas no mundo globalizado e a "batalha da paródia e do escárnio" tenha mudado de armas, a noção de entre-lugar oferece um posto de observação privilegiado, na medida em que abre um espaço *cultural e literário* para as políticas de identidade que emergem ou se afirmam atualmente. Basta pensar no tratamento dado ao homoerotismo em contos de *Keith Jarrett no Blue Note* (1996) ou de *Histórias Mal Contadas* (2005), em que memória e ficção se confundem na configuração heterodoxa do sujeito da escrita pela via de seu *de-facement*, para usar o termo de Paul de Man.

O conto "O Envelope Azul" funciona como abertura de *Histórias Mal Contadas* e sintetiza as diversas linhas – indefinidas – que memória e ficção vão traçando. Num movimento de ir e vir textual, o narrador--mentiroso vai aos poucos delineando seus extravios pessoais, uma modalidade de experiência construída "como se a linguagem da lembrança devesse ser escrita pela ausência de palavras"[7], embora a escrita tenha de se valer delas para dar conta da ausência na subjetividade que enuncia. Essa parece ser a primeira questão que se coloca para o leitor diante de histórias cujo "desfecho" depende do desvendamento sempre adiado de um "segredo" que se formula como lugar de enunciação – e de recepção – que "[só é instigante] se o interlocutor nos sugere (escancaradamente) que está escondendo algo (intimamente)"[8].

Por isso a memória para Silviano Santiago é sempre *memória em diferença*, urdidura espacial de um tecido para o qual convergem fios de temporalidades distintas, sempre renovadas no seu entrelace. Daí ela ser também evocação e profecia de "coisas que não tinham ainda acontecido"[9] como ocorre na ficção-ensaio *Em Liberdade* (1981). O pastiche da obra de Graciliano Ramos é mais do que uma técnica literária, uma operação de ir contra os limites do indivíduo, de colocar em xeque a noção de autoria e o caráter concentracionário da escrita.

Dramatiza-se a experiência da leitura mediante o distanciamento "brechtiano" do narrador, para que ele se junte ao leitor no olhar que dirigem ao outro. Durante essa interação, ou mesmo já no seu início, a comunicação que parecia fluir amistosamente sofre um corte intencional, quando o leitor percebe que lhe é oferecido propositalmente gato por lebre e que tem em mãos um diário "falso" como as lendárias moedas gideanas aludidas na apresentação do livro.

A memória tem, pois, esse papel de desinstrução do eu por meio de uma experiência alternativa em relação ao passado, para continuar com Gide. Em *Les Nourritures Terrestres*, o narrador diz a Nathanael:

> […] passei três anos de viagem a esquecer […] tudo o que aprendera com a cabeça. Essa desinstrução foi lenta e difícil; foi-me mais útil do que todas as instruções impostas pelos homens, e, realmente, o começo de uma educação.

NAÇÕES LITERÁRIAS

Não saberás jamais os esforços que nos foi necessário fazer para interessar-nos pela vida; mas agora que ela nos interessa, será como todas as coisas – apaixonadamente[10].

A *desinstrução* da memória leva Silviano-Artaud ao México, num movimento paroxístico que confina com a loucura e, em última instância, com o silêncio. Na forma monstruosa do anfíbio – "uma só cabeça e vários tentáculos, várias pernas-tentáculos que se assentam em terras diversas e variados mares"[11] –, Silviano Santiago superpõe o ano de seu nascimento, 1936, ao ano da partida de Antonin Artaud para o México. Mais radical do que *Em Liberdade*, a experiência vivida assume a forma de uma máscara ou assinatura, confunde uma e outra, até o limite da despersonalização, ou seja, da afirmação da verdade do discurso biográfico pela sua impossibilidade narrativa. Livro *monstruoso* é *Viagem ao México* (1995), porque exorbita as fronteiras da invenção, medo – ou coragem? – da representação e seu duplo, da enorme erudição convocada para, afinal, ser negada.

Na relação com o passado, a vida apresentar-se-ia como uma obra literária, para usar a perspectiva com que Silviano Santiago lê *O Amanuense Belmiro*, de Cyro dos Anjos, não fosse a forma com que a memória-citação toma corpo na obra do autor de *O Banquete*. Em um de seus contos, o narrador recorre a Valéry para expressar o processo da influência literária. Diz ele: "um leão é feito de carneiros digeridos", e depois corrige a frase nos termos de Gide: "um leão é feito de sua imagem digerida, pois a imagem [...] só é criada para realçar certas virtudes do modelo original"[12].

Perdido o referente primeiro e descartada a submissão ao texto metropolitano, não há mais lugar para a devoração antropofágica nos termos concebidos por Oswald de Andrade. Uma imagem que engole uma outra imagem, ao infinito, descola o leitor da realidade e, ao fazê-lo, permite-lhe novos pontos de fuga ou de perspectiva. Devolve-lhe, então, seu corpo/*corpus* de leitor, sob a forma de um descompasso ou embate que engendra a experiência da leitura como experiência de vida:

A verdadeira leitura é uma luta entre subjetividades que afirmam e não abrem mão do que afirmam, sem as cores da intransigência. O conflito romanesco é, em forma de intriga, uma cópia do conflito da leitura. Ficção só existe quando há conflito, quando forças diferentes digladiam-se no interior do livro e no processo da sua circulação pela sociedade. Encontrar no romance o que já se espera encontrar, o que já se sabe, é o triste caminho de uma arte fascista, onde até mesmo os meandros e os labirintos da imaginação são programados para que não haja a dissidência de pensamento. A arte fascista é "realista", no mau sentido da palavra. Não percebe que o seu "real" é apenas a forma consentida para representar a complexidade do cotidiano[13].

Leitura ficcional e leitura ensaística se conjugam: abrem caminho para o *agón*, para o enfrentamento de *valores* – literários, sociais, políticos – impossíveis de serem apartados na arena onde se confrontam. Os textos de Silviano Santiago (não importa a inflexão predominante que cada um possa ter) insistem na configuração de uma escrita em que as culturas se reconhecem por meio de suas projeções de alteridade, já atravessadas pelos efeitos de globalização. Nesses termos, instauram *formas singulares* de interlocução que, por sua vez, impulsionam a construção de novas *ficções teóricas*.

Nessa forma de articulação estética e ética, o heterogêneo se apresenta como um processo de significação no qual se afirmam campos de força distintos e distintos critérios de avaliação. Ao valor enquanto horizonte consensual, a ser fundado no juízo crítico proveniente da demanda moderna de universalidade e totalização, contrapõe-se a relação como valor. Daí a emergência de um entrelugar discursivo como possibilidade de redefinição ininterrupta do valor da literatura postulado enquanto resistência à uniformização globalizante.

Ficção e ensaio aparecem ambos investidos da autorreflexão de suas premissas até o limite de sua implosão e refuncionalização, até a destituição da transcendência que anteriormente garantia ao texto um lugar hegemônico na ordem dos discursos. Para tanto, o gesto crítico ou ficcional vale-se da natureza intersticial da literatura – uma forma *entre* outras, um valor *entre* outros – para melhor acessar as

NAÇÕES LITERÁRIAS

novas conexões propiciadas pelo espaço intervalar que lhe garante "sobrevida" na atualidade.

Por essa via, o escritor se lança à desconstrução, tarefa metodológica e horizonte vital da experiência, para escapar dos mecanismos de manipulação cultural infiltrados nas *malhas da letra*. A atitude tanto vale para a revisão rigorosa do cânone modernista brasileiro – a exemplo de "A Permanência do Discurso da Tradição no Modernismo" (1985) – quanto para a abordagem da velhice e da morte em *De Cócoras* (1999), numa espécie de memória do futuro incerto e esperado.

Como as personagens dobradiças de *Stella Manhattan* (1985), a atitude desconstrutora – na sua mobilidade incessante – impede que as questões de gênero e *gender* se tornem fossilizadas, se transformem em categorias rígidas de reflexão e invenção. O deslocamento do sujeito de um texto para outro, de uma imagem para seu contrário, de uma cultura instituída para o que ela recalca, reafirma o movimento da *différance*, colocando em xeque o estatuto do texto literário. Artes e artimanhas da literatura: redimensionar a natureza múltipla das práticas sociais e culturais como uma política da *forma*. É o que se lê no belíssimo conto "Todas as coisas a sua vez – Abecedário", de *Histórias Mal Contadas*, monólogo alucinado de Graciliano Ramos diante da morte iminente:

> Dou-me de presente todas as ideias. Só não me dou de presente a ideia do infinito. Não me acostumaram (não me acostumei) a justificar qualquer hierarquia, a pensar a desigualdade. A relação do homem com o infinito não se passa no campo do saber. O infinito é um desejo que se nutre da própria fome. Ele cresce, mais se sacia. Eu, um metafísico? De jeito nenhum. Encantam-me os paradoxos. Ou melhor: sou vítima dos paradoxos. Se levanto o punhal para assassiná-los, zombam de mim. Quanto mais zombam, mais os admiro pela inconsistência sedutora[14].

A estrutura do paradoxo – ou dobradiça – permite o trânsito do sujeito através das mais distintas formas de enunciação, em busca de "um ritmo anônimo e exterior"[15] como propõe em *Stella Manhattan*, para seu corpo e o corpo do texto. Talvez por essa razão o escritor tenha de passar das histórias de família às histórias da tradição, ou ao contrário, por pressentir que, nos momentos de descontinuidade de uma passagem a outra, no instante do movimento da dobradiça, em que a outra face do objeto ainda não se mostrou por inteiro, algo novo acontece e desaparece para sempre.

Talvez esses momentos sejam também momentos privilegiados da memória. Aí, nesse intervalo, a identidade do sujeito e a da tradição se consomem, ou melhor, se desgastam e se perdem no excesso de energia desprendida, como a xícara de leite que transborda, o "líquido branco [...] – sêmen do texto? – escorrendo pela mesa ensopando a toalha, emporcalhando tudo"[16]. Momento privilegiado porque o evento rememorado torna-se outro pela linguagem que contradiz a economia da falta originária, num corpo a corpo com o passado, tornado presente no corpo a corpo do texto com o escritor e o leitor.

Em *De Cócoras*, o tema modula-se pela intervenção da morte como horizonte próximo de uma experiência excessiva por sua própria natureza e que, no livro, confunde-se com a alucinação. Não há ponto de retorno, a não ser a memória do menino, sob o esquife da mãe morta: memória de uma impossibilidade de retorno ao passado ou projeção de um futuro fadado a não se cumprir como promessa de felicidade para Toninho/Antônio. No momento final de embate com o anjo, acentua-se a superposição de sonho e memória, os limites imprecisos entre um e outra, apesar de marcados no corpo, mais uma vez, do sujeito que sonha e lembra.

Em "Esses Textos", último poema de *Crescendo Durante a Guerra numa Província Ultramarina*, esboça-se uma síntese do que o leitor acabou de ler e que, ainda hoje, exprime possíveis vias de sentido para os livros posteriores – de ficção ou ensaio, já a esta altura inelutavelmente superpostos. Leiamos sua parte final:

É preciso saber vestir
o texto,
como tatuagem na própria
pele.

É preciso saber tatuar
o texto,
como sulcos feitos
na bruta realidade.

O duplo estilete
do texto e da leitura,
do autor e do leitor.

A dupla tatuagem
contra o próprio corpo
e a realidade bruta.

A tatuagem que se imprime
para poder forçar
a barra.
A tatuagem que o corpo,
Depois de violado,
Tatua. Violentando[17].

Na escrita se imprimiria a memória da materialidade do corpo do sujeito, autoficção disseminada em biografemas que, por sua vez, remetem a textos lidos e apropriados da vasta tradição ocidental. Há aí uma espécie de torção ou distorção do sentido original desses textos e uma violação do corpo que os sustenta e neles se sustenta. A demanda do sentido textual apela para os sentidos do corpo do autor e do leitor. Processo violento de leitura-escrita em que os corpos – quais? – se interpenetram, tornam-se um outro no mesmo, num deslizamento interminável de projeções de identidades, sejam elas sexuais, étnicas, sociais ou políticas. Sempre em movimento, enfim, na história e nas histórias, com a alegria do menino do conto de Guimarães Rosa: "sorrisos e enigmas, seus. E vinha a vida".

2008

Ficção-Passaporte para o Século XXI

Passaporte é um documento pessoal e intransferível cujo lastro determinante é a nacionalidade de seu portador, que dele se utiliza como um *mot de passe* para atravessar legalmente fronteiras entre nações. Traz consigo valores de origem, projeções de identidade que muitas vezes se confundem, diante do outro estrangeiro, com estereótipos culturais, étnicos e, atualmente, religiosos. Por isso mesmo, ao invés de restringir-se à sua natureza meramente documental, inscreve-se numa outra ordem discursiva, atravessada pelos *efeitos de imaginário* que lhe são inerentes. Ocupa um lugar de fronteira – rasurada – que, em última instância, o define.

Em 2001, Fernando Bonassi publica um pequeno volume de microrrelatos, escritos em sua maior parte entre maio e setembro de 1998, publicados inicialmente em jornal e depois em livro, com o título de *Passaporte*[1]. Seu projeto gráfico, desde o formato, a cor da capa e das páginas, simula ironicamente o documento a que se refere; em vez do emblema da República Federativa do Brasil, a imagem de uma lâmina de gilete; no lugar dos carimbos de entradas e saídas, os textos enumerados de 1 a 137, a serem lidos não necessariamente em ordem linear; sobre o fundo verde-claro da página, figuras-carimbo que dialogam com o que é narrado. Os relatos dividem-se entre Brasil e

Alemanha, mas incluem também França, República Checa, Portugal, Inglaterra, Polônia e EUA. O escritor-viajante, mais do que uma reprodução mimética, "produz um texto rico nas tradições do *trompe-l'oeil*, da ironia, da mímica [*mimicry*] e da repetição"[2].

O efeito perturbador desse *Passaporte* é a ambivalência presente no "signo do inapropriado"[3] que carrega. Ao colocar o escritor brasileiro, bolsista do Kunstlergramm do DAAD alemão, numa perspectiva dupla, problematiza tanto a visão europeia quanto a "nacional" dos relatos em que emergem situações culturais, políticas e sociais determinadas pelo ricochete de um ponto de vista sobre outro. Em "comunidade europeia", datado de "(Lisboa – Portugal – 1998)", lê-se:

> Da autoestrada que leva ao centro de Lisboa, passando pelo bairro de Casal Ventoso, pode-se ver os garotos chapados pelos barrancos. Há muita gente, numa mistura de campo de extermínio com jardim *hippie*. Stella me conta que uns deram para assaltar as mães dos outros, de forma que assim descolam sua grana. Como todos se conhecem, ninguém acaba preso. A heroína deixou de "apenas passar" por Portugal no caminho do norte. Não comentamos mais que isso, mas eu e Stella sabemos que Portugal está fazendo de tudo para se integrar depressa à comunidade europeia.

O relato, pela visão derrisória do que seria uma "comunidade", é uma síntese dos outros relatos que o livro apresenta. Perde, assim, sua "natureza" referencial para generalizar-se na *forma ficcional*, à medida que instaura zonas de fricção – deslizamentos, excessos, projeções de alteridade – com outros fragmentos narrativos. Neles se destacam situações absurdas pela violência exacerbada que explicitam ou sugerem, quer se trate da periferia de São Paulo ou dos vestígios do holocausto na Alemanha e na Polônia.

À primeira vista, o texto de Bonassi parece não se diferenciar muito das obras de seus companheiros de geração, ou melhor, da compulsão neonaturalista que os caracteriza. Mas o movimento simultaneamente de construção e desconstrução levado a efeito pelo narrador-viajante resulta na emergência do fragmentário e do residual como forma de autoproteção da linguagem, que se expande e se contrai até os limites da sua impossibilidade de tudo abarcar no espaço do signo. Institui-se, então, uma via lateral e oblíqua de imagens identitárias que colocam em cena a alteridade dos indivíduos e da cultura, tornando manifesta uma *outra* geografia, que delineia o espaço de resistência à totalização e à homogeneização.

Leia-se o fragmento "wannsee" "(localidade próxima a Berlim onde, em 20.1.42, foi definida a "solução final do problema judeu")":

> Catorze apóstolos do terror sentam-se para a santa ceia dos acusados. À beira da lagoa, barquinhos na janela, pedem higiênicas soluções finais. Deus de bigodinho, brincando de guerra contra selvagens vermelhos, manda suas recomendações. Homens muito homens, quase machos, quase santos, vão lidar com patinhos feios de se ver nessa Alemanha de velhas pinturas, de boa saúde. Esses vagabundos vão ter de trabalhar até o último fio de cabelo pro tecido dos nossos sofás! A hierarquia dos cidadãos. Alpes suíços de cadáveres. A burrice sanguinária iluminada por toda filosofia[4].

A dicção assemelha-se ao Oswald de Andrade de *Memórias Sentimentais de João Miramar*, tornado, no entanto, objeto de arquivo e apropriação como qualquer outro texto ou autor. O humor negro empilha vocábulos e significados, condensando-os e, simultaneamente, deslocando-os do lugar previsto para eles na ordem dos discursos, como aforismos destituídos de sua boa intenção original.

O arremedo literário é que é o literário mesmo, sem as preocupações politicamente corretas do jogo parodístico[5]. À relação de textos *de valor* impõe-se uma babel significante no âmbito de um mesmo e sempre outro idioma ou literatura. Está aberta a via para que texto e leitor circulem livremente – com um passaporte propositalmente falso: valor de menos, literatura demais.

Cada novo livro de Chico Buarque é um acontecimento literário e editorial. O horizonte de expectativas da crítica e o do leitor comum são realimentados por meio da divulgação maciça nos principais veículos de comunicação do país, com direito inclusive a merchandising na novela das nove. Apesar dessa visibilidade exacerbada pelo mercado, o doublé de escritor e compositor – um dos mais importantes artistas da música popular brasileira – tem conseguido manter separadas, com firmeza e discrição, ambas as esferas em que atua. A qualidade de seus textos anteriores de ficção e teatro, junto ao mais recente romance, já permite considerar sua obra literária e dramatúrgica com certo distanciamento em relação à industria cultural a que inevitavelmente está atrelada.

Se *Estorvo* (1991) é a síntese por excelência das realizações anteriores do escritor – tema social submetido à cerrada elaboração da linguagem –, *Budapeste* acrescenta uma via pouco explorada pelo romancista: o ato de escrever como forma de desconstrução da propriedade literária e de descanonização oblíqua de textos e autores. Chico Buarque insere-se assim numa extensa galeria literária contemporânea, mas à primeira vista a afinidade maior do novo livro parece ser com *Se una Notte d'Inverno un Viaggiatore* (1979), de Italo Calvino, no sentido de tornar toda escrita um universo de possibilidades em aberto e nunca realizadas de todo; cada escritor, um pastichador e plagiário do que escreve.

Em *Budapeste* (2003), o narrador José Costa (ou Zsoze Kósta) é um *ghost-writer* encarregado, como tal, de redigir discursos, artigos, romances e poemas para personalidades políticas e culturais. Sua perícia excepcional no exercício da profissão subalterna (*nègre*, em francês) faz com que seu sócio na "fábrica de textos" Cunha & Costa Agência Cultural contrate uma equipe para imitar seu estilo: "ver minhas obras assinadas por estranhos me dava um prazer nervoso, um tipo de ciúme ao contrário". A familiaridade inquietante diante do texto próprio e do texto alheio – se é que a distinção aqui entre as duas categorias ainda significa alguma coisa – será decisiva para o andamento temático do livro.

Na volta de um congresso de autores anônimos, Costa é obrigado a fazer uma escala imprevista na cidade título do romance, o que desencadeia uma série de peripécias que irão constituir a matéria narrativa: casado com Vanda, telejornalista que mora no Brasil, Costa conhece Kriska na Hungria, com ela aprende húngaro – "a única língua do mundo que, segundo as más línguas, o diabo respeita". Nas idas e vindas entre Budapeste e Rio de Janeiro, o narrador mergulha num mundo de réplicas, em que tudo parece duplicar-se e inverter-se ao infinito, num jogo de espelhos que a concepção gráfica da capa do livro sintetiza e ilustra.

A natureza especular de *Budapeste* desdobra o trânsito entre linguagens em transe identitário. É como se Costa/Kósta, Vanda/Kriska, Brasil/Hungria fossem o palco de projeção de um constante vir a ser outro ou mesmo, que repete a seu modo a situação do "escritor" que simula um papel narrativo como um ator que dramatiza um saber globalizado. A impessoalidade desse saber é compensada pela corporalidade da escrita: o corpo branco de Kriska confunde-se com a página em branco a ser preenchida e reflete, na sua brancura, outros inúmeros corpos/páginas aos quais Costa se dedicou.

A escrita literalmente sobre o corpo feminino, ou sobre o feminino, é um trabalho incansável de Penélope: "Foi quando apareceu aquela que se deitou em minha cama e me ensinou a escrever de trás para adiante. Zelosa dos meus escritos, só ela os sabia ler, mirando-se no espelho, e de noite apagava o que de dia fora escrito para que eu jamais cessasse de escrever meu livro nela. E engravidou de mim, e na sua barriga o livro foi ganhando novas formas". A cena meio fabulosa no seu encadeamento é exemplo do texto maior, por ser a micronarrativa que contém o livro ou os livros encaixados que dela resultam: *O Ginógrafo*, escrito por Costa e assinado pelo alemão Kaspar Krabbe, na verdade *Budapeste*, assinado por Costa como texto autobiográfico escrito por outro "autor" e assinado por Chico Buarque como texto de ficção.

No embaralhamento entre vida e obra, emerge uma fissura narrativa que parece assinalar uma preocupação semelhante ao narrador do texto citado de Calvino, onde se diz que "o estilo, o gosto, a filosofia pessoal, a subjetividade, a formação cultural, a experiência vivida, a psicologia, o talento, os truques da profissão: todos os elementos que fazem com que o que eu escrevo seja reconhecido como meu, me parecem uma jaula que limita minhas possibilidades". Da perspectiva do narrador calviniano, deve-se evitar toda personificação e qualquer identidade estilística, como meio de reforço da especificidade intransferível da escrita-leitura, usando paradoxalmente o modo impessoal de produção dos objetos feitos em série. Para o narrador de *Budapeste*, o descentramento da autoria assinala novas formas de fazer da fala do outro sua fala própria, ou o contrário, como percebe Costa ao ler "seu" livro: "Era como ler uma vida paralela à minha, e ao falar na primeira pessoa, por um personagem paralelo a mim, eu gaguejava. Mas depois que aprendi a tomar distância do eu do livro, minha leitura fluiu".

Este é o ponto: entre a leitura que flui e a descontinuidade que interrompe a coordenação da história narrada situa-se o leitor – qualquer leitor do livro, um outro tipo de desdobramento de Costa –, então deslocado da cômoda posição de mero consumidor de imagens ou histórias pré-fabricadas para a de agente na construção imprevista de sentidos. Dialética que constitui a literatura como discurso diferenciado? Ou abertura da linguagem para que outro possa falar, sem síntese possível? *Budapeste* parece responder à questão pelo caminho da experiência da alteridade como condição necessária para que o romance atinja, com êxito, sua função de fazer coincidir, sob a forma de meia-verdade que é a ficção, a realidade e o nosso desejo – "agora eu lia o livro ao mesmo tempo que o livro acontecia".

Diz-se que uma história está mal contada quando algo dela é subtraído ao ouvinte ou interlocutor, quando a narrativa permanece em suspenso, entrecortada por silêncios e pontos obscuros – intencionais ou não – que atiçam nosso desejo de ir mais além das palavras. O bom texto literário é, nesse sentido, uma história mal contada. Nele tudo deriva dessa perspectiva de enunciação que faz da linguagem um jogo de meias-verdades, no qual realidade e ficção, autor e personagem, autobiografia e fingimento levam ao extremo o limite tênue que os distancia e os aproxima. Por isso, também, a autorreflexão é nele parte indissociável do enredo a que dá forma e sentido. O resultado é um texto híbrido, cuja dicção ao mesmo tempo ficcional e ensaística ampliou e continua a ampliar o horizonte de expectativa do leitor contemporâneo.

Dois autores de excepcional capacidade crítica, Silviano Santiago e Davi Arrigucci Jr., têm contribuído para fazer avançar o diálogo efetivo entre análise e criação artística. Santiago estreia com duas novelas em 1961, tendo escrito até agora mais de uma dezena de livros de ficção e poesia, muitos traduzidos em outras línguas, além de obras de crítica literária e cultural; Arrigucci, depois de lançar-se como crítico em 1973, escreveu vários outros livros de cunho ensaístico, estreando como ficcionista em 2003, com a novela *Ugolino e a Perdiz*.

Percursos paralelos, embora distintos na intensidade das escolhas, encontram-se com a publicação dos contos de *Histórias Mal Contadas* (2005), de Silviano Santiago, e do romance *O Rocambole* (2005), de Davi Arrigucci Jr. Em comum, certa reminiscência machadiana: em Santiago presente desde o título; em Arrigucci, a partir da epígrafe. Nos dois, menos ou mais explicitamente, apropriações de textos de diversas áreas, fruto da larga erudição de ambos. Ou, ainda, o jogo ficcional com a experiência autobiográfica, que Santiago localiza principalmente na época em que viveu na França e nos Estados Unidos, e Arrigucci ao situar a ação narrativa na sua cidade natal, São João da Boa Vista, no interior paulista. Direção espacial inversa que talvez explique, ainda que somente em parte, a diferença entre os dois escritores.

Arrigucci superpõe, como finas camadas de rocambole, o relato de uma família patriarcal decadente, curiosamente os Heyst, e o de uma família de imigrantes italianos, os Pascali, vizinhas na pequena cidade interiorana. Apropria-se do estilo de uma e de outra narrativa, esvaziando os lugares-comuns de ambas pelo contraste dado por capítulos curtos, por cortes certeiros na continuidade narrativa, pelo lirismo perpassado de ironia. Realiza, pela negação, a "Ilíada de realejo", maneira com que Machado se refere ao romance folhetinesco *Rocambole*, de Posson du Terrail, na epígrafe do livro. Para tanto, desdramatiza os amores desencontrados, o suicida da família, os segredos de polichinelo da cidade pela sua inserção no cotidiano de uma "vida besta" de uma "cidadezinha qualquer", para usar as palavras do poeta.

O rocambolesco só tem lugar no melodrama representado no bar Nove de Julho, quando, cerradas suas portas no final do expediente noturno, a boemia do lugar entrega-se a papéis marcados, muitos deles inspirados nos ídolos do cinema à época. Ali, como personagens de segundo grau, são autores e atores de uma peça inventada, pois "era preciso pregar uma peça na própria realidade". Pregar uma peça é também fazer da preparação do rocambole, com que dona Helga presenteia dona Fiammetta, um ritual erótico, em que a doceira "botava toda a sensualidade que lhe dera Deus". Como nas melhores páginas do *Decameron*, de onde parecem sair a cena e a personagem Fiammetta, o rocambole é o mediador "literário" do forte desejo do jovem italiano Paquinha (de *spaccare*: em italiano, rachar, abrir-se) pela distante Mariana.

Pregar uma peça, afinal, se equivale a contar mal uma história. Nos contos de Silviano Santiago, o erotismo é uma forma de deslocamento narrativo que permite narrar, por interposta pessoa, episódios de uma autobiografia ficcional: "Tudo é disfarce, mentira e falsificação na escrituração do íntimo? Tudo é verdade". Nas cinco histórias "mal contadas" da primeira parte do livro, cenas de orgia ("O Envelope Azul"), pedofilia ("Ed e Tom"), segregação racial ("Borrão), exclusão ("Bom-dia, Simpatia") e paranoia homoerótica ("Vivo ou Morto") delineiam não só fronteiras geopolíticas, mas entrelugares da memória – ou da ficção –, contaminados pelos objetos da cultura de massa, pelo acúmulo de referências eruditas, como segunda realidade que desfaz a pretensão de uma realidade primeira e transforma a verdade da representação em artifício, jogo, montagem.

Por isso o relato tem que se confrontar com pontos de resistência que demandam a constante autorremissão textual, como forma de entreabrir a porta das "graças do segredo" que constituem a interlocução – "Quero leitores bisbilhoteiros", diz o narrador de "Assassinato na Noite de Natal". Na segunda parte do livro, Silviano Santiago incorpora outros escritores, disseminando e refinando procedimentos empregados em textos que escreveu: intromete-se na correspondência entre Mário de Andrade e Drummond para falar da felicidade da dor; queixa-se bem-humorado a Walter Benjamin pela perda da aura e da consequente condenação do escritor atual ao pastiche; faz o inventário ficcional das fichas da célebre conferência de Mário em 1942; refaz, no belíssimo texto "Todas as Coisas à sua Vez", as últimas horas da vida de Graciliano Ramos, como se narradas por ele mesmo – "eterno retorno da vida".

Repetição em diferença – e cada uma a seu modo – é a direção tomada pelos livros dos dois escritores-críticos diante do vasto repertório herdado da tradição literária e cultural que dominam como poucos. Distanciam-se tanto da compulsão documental de parte expressiva da produção atual como da incursão já desgastada pela forma do romance policial ou de intriga. Talvez isso seja decisivo para conferir a Silviano Santiago e a Davi Arrigucci Jr. um lugar especial na literatura que se faz entre nós. E dê a ela uma dicção mais cosmopolita, melhor antenada com o tempo em que vivemos.

2003/2005

Parte III

Local/Global

Nas várias paisagens das cidades coloniais mineiras pintadas por Alberto da Veiga Guignard (1896-1962), ênfase especial é dada às igrejas barrocas. Envoltas ao mesmo tempo numa atmosfera lírica e fantasmagórica, essas igrejas parecem dissolver-se em meio a montanhas e nuvens. Soltas no espaço da tela, é como se fossem perdendo suas raízes e seus contornos mais nítidos, desaparecendo diante dos olhos do observador numa fulguração derradeira da aura que a tradição e a história mantiveram até então intacta em torno delas. As referidas pinturas adquirem um significado singular no contexto do projeto de modernização implantado em Belo Horizonte no início da década de 1940 pelo prefeito Juscelino Kubitschek de Oliveira e, em particular, no âmbito do Instituto de Belas Artes, instalado na cidade em 1944, sob a coordenação de Guignard, e como parte do mesmo projeto.

À primeira vista, parece estranho que um pintor engajado num programa modernizante se dedique, com insistência, a transpor para a tela ícones oitocentistas de uma cultura tradicional, como se obedecesse a um impulso conservador, do qual seria difícil ver-se livre, mesmo ciente do desaparecimento da vida social que tal pintura busca expressar. Uma segunda leitura, mais sugestiva e não de todo contrária à primeira, vai aos poucos percebendo que algo novo se anuncia nessas telas em que o sentimento de perda transforma-se em maior liberdade para o artista, que segue indo para frente quando parece estar andando para trás. O movimento do novo residiria, então, na possibilidade de liberar a pintura do jugo das formas excludentes da vanguarda e da mera novidade, abrindo-a à releitura da tradição local e fazendo-a funcionar como contraponto crítico aos radicalismos do aludido programa modernizante.

À mesma época, um outro acontecimento, dessa vez diretamente ligado às práticas cotidianas, faz sua estreia na cidade: a venda e o consumo da Coca-Cola. Uma série de propagandas de página inteira da edição brasileira da *Reader's Digest* apresenta ao público o novo refrigerante. Ao apelo irresistível – "O Convite Universal... TOME UMA COCA-COLA!" – segue-se o desenho de um casal vestido ora à maneira americana, ora em diferentes trajes típicos latino-americanos, cada um deles projetado sobre um pano de fundo específico: a baía da Guanabara, o Canal do Panamá, a catedral de Bogotá, vendedores de flores em Caracas, um monólito arcaico na Guatemala, uma charra mexicana. Em todos os anúncios, um pequeno texto, com variações devidas ao local em que se passa a cena, justifica o "convite universal". Ao lado do texto aparece a garrafa de coca-cola e o logotipo da empresa, desenhada sobre o mapa das Américas e acompanhada dos dizeres "Unidas hoje, unidas sempre", nos moldes da conhecida campanha da política da boa vizinhança, desenvolvida pelo governo norte-americano.

Em princípio, a mobilização de estereótipos nacionais está apenas cumprindo o papel de favorecer a expansão do capital internacional, através do álibi da integração entre culturas. Como mercadoria e informação, o "refresco preferido nas Américas" (como reza o anúncio do produto) exprime uma unificação de hábitos cujo efeito homogeneizador se traduz sob a forma de uma verdade universal. A estratégia não deixa de ser curiosa: a inserção do consumidor numa territorialidade mais ampla se dá pelo reforço de seu enraizamento numa cultura nacional[1]. Está armado o palco para o aceleramento dos mecanismos de modernização, que apontam para o projeto de definição do nacional como projeto do moderno. Nação, consumo e modernidade já aparecem aí como termos de uma mesma equação, a que não faltará, nos anos de 1950, o contraponto das teorias do imperialismo e da dependência cultural.

É o caso de lembrar o poema antipropaganda de Décio Pignatari, publicado em abril de 1957, no *Suplemento Dominical* do *Jornal do Brasil*:

```
beba coca cola
babe      cola
beba coca
babe cola caco
caco
cola
      c l o a c a
```

O reclame concretista desconstrói o *slogan* publicitário para demonstrar os efeitos culturais negativos da comunicação de massa – da qual a propaganda é a fórmula mais acabada –, investindo contra a manipulação da audiência (nacional) pela pasteurização dos conteúdos informacionais, que passam a circular decisivamente em nível internacional. A identidade a ser preservada diante do perigo da cópia – da "cola", segundo o poema – não é de todo contraditória em relação à perspectiva modernizadora do surto desenvolvimentista brasileiro dos anos de 1950. Se o concretismo é a tradução literária em nível *high tech* desse surto, ele o é na medida em que busca impor um padrão de qualidade que torne o poema um produto nacional de exportação, em pé de igualdade com as melhores realizações internacionais, em cujo circuito se insere.

A difícil aliança entre vanguarda artística e mercado consumidor postula-se, então, mais do que como meta utópica, como instrumento prioritário para ultrapassar o estágio de subdesenvolvimento vigente. A massa, enfim, iria comer o biscoito fino fabricado pelos escritores e artistas do país. Mas, para tanto, seria necessário queimar velozmente etapas, comprimindo o tempo e adiantando o relógio da história – "50 anos em 5", diz um outro *slogan*, síntese do período – para que o futuro desejado se tornasse presente. O corolário da velocidade é o progresso; sua linearidade cronológica é a medida do tempo homogêneo e vazio: tudo e todos são colocados numa mesma temporalidade, que visa a dar um significado homogêneo – por definição excludente e centralizador – ao que é heterogêneo.

Mas retornemos à coca-cola, por meio de um outro poema: "Comunhão", de Silviano Santiago, publicado no livro *Crescendo Durante a Guerra numa Província Ultramarina* (1978):

> Em 1948 ingeria finalmente
> nas Lojas Americanas
> a Coca-Cola da tela:
> era negra e amarga.
> Puseram sorvete branco dentro
> e virou vaca preta[2].

O registro aqui é inteiramente outro. Trata-se de ressaltar uma sorte de economia de trocas simbólicas ancorada na perspectiva do lazer e do entretenimento, que a indústria cinematográfica hollywoodiana fazia alastrar por todo o mundo. Da tela para o dia a dia, através da mediação do novo espaço que a grande loja de departamentos inaugura, a coca-cola sofre um processo de decantação – melhor seria dizer hibridização – que permite observar em que medida o internacional (ou "universal", nos termos da propaganda aludida anteriormente) se articula com o local. O cenário da negociação identitária, em que está em jogo o papel da nacionalidade, não se restringe mais ao âmbito fechado das fronteiras internas.

Na nova situação, a "vaca preta", esse tipo inusitado e não mais regional de café com leite, é o emblema de uma outra era então nascente, cuja complexidade cultural pauta-se por estratégias de absorção, assimilação e resistência[3] que não se reduzem ao consumo passivo de imagens, informações e bens, gerados em centros metropolitanos e

NAÇÕES LITERÁRIAS

desvinculados das formas de vida do consumidor local. Como Mike Featherstone observa, não se trata da capitulação dos habitantes de um lugar diante de produtos comercializados globalmente, uma vez que as "interações cultura local/cultura de mercado são normalmente mediadas pelo Estado-nação que, no processo de criar uma identidade nacional, educará e empregará seus próprios intermediários e especialistas culturais", ou então irá "reinventar memórias, tradições e práticas com as quais poderá controlar, canalizar ou resistir à penetração do mercado"[4].

Nesse sentido, pode-se aproximar, por analogia e contraste, a "vaca preta" e as igrejas barrocas pintadas por Guignard. Tanto uma quanto as outras são índices residuais de temporalidades distintas, que operam deslocamentos no tempo conjuntivo próprio à modernização, instaurando uma leitura vernácula de seus processos. Retratam, em ambos os casos, imagens de territórios simbólicos cujos limites demarcam o espaço de identidade a ser conquistado ou compartilhado. Mas à diferença do produto multinacional – ou "multilocal", como prefere um anúncio recente do refrigerante[5] – os quadros de Guignard dependem de uma avaliação "especializada", inicialmente de acordo com os parâmetros da cultura nacional, para que nela encontrem o devido lugar e possam ter garantida sua legitimação como obra estética, a que o mercado de arte acrescentará o correlato valor comercial.

É interessante notar que tais fatos são exemplares do redimensionamento das relações internacionais no país, a partir dos anos de 1940, quando são ativadas políticas institucionais localizadas, com o objetivo de corresponder ao cosmopolitismo para o qual as atividades artísticas começavam a direcionar-se e que se tornaria realidade com a instalação das Bienais de Arte, em São Paulo, no início dos anos de 1950. No horizonte dessas transformações, a atuação de Juscelino Kubitschek à frente da Prefeitura de Belo Horizonte é significatica. Como prefeito, JK pretendeu romper com a atitude isolacionista que o poder conservador impunha a Minas Gerais, para conseguir colocar a capital do Estado em contato direto com os mais avançados centros de produção cultural do país e do exterior.

A concepção do moderno em Minas incluía a racionalidade máxima da cultura e a vinculação do saber do artista ao processo de mudança socioeconômica em andamento, através de sua articulação com as forças institucionais da educação no âmbito da sociedade civil. Os cursos de arte dados por Guignard instauram uma nova ordem cultural na cidade, tornando-se o centro das discussões, ao reunir artistas, escritores, intelectuais, jornalistas e todos os que se interessavam por transformações substanciais na sociedade. Estava aberto o espaço para a entrada de novas ideias e formas visuais que iriam interagir com mudanças de comportamento nos hábitos locais, já ameaçados no seu conservadorismo pela construção da Pampulha, no início da década de 1940.

É a partir do papel do Estado como patrono da visão de progresso e modernização, bem como dos efeitos da assimilação pela sociedade dessa atitude de força do poder estatal, aliado aos meios de comunicação de massa – nos quais se inclui a própria arquitetura –, que se torna possível identificar os principais mecanismos do processo de constituição da utopia moderna e da transgressão dos valores que ela encerra. Assim é que, das artes plásticas à arquitetura e ao planejamento urbano, do jornalismo e da publicidade à literatura, dos hábitos cotidianos à moda e à decoração, o caminho da modernização acelerada aponta para o projeto de definição do nacional como projeto do moderno.

A cidade é o cenário por excelência de transformações tão desejadas, principalmente em se tratando de uma cidade planejada desde o início para servir ao modelo republicano de progresso e reorganização político-social, como é o caso de Belo Horizonte, que condensa simbólica e materialmente a mudança. Inaugurada na virada do século XIX para o XX, a cidade compõe-se de uma malha geométrica marcada por grandes praças que integram a relação das vias entre si com a relação conveniente dos prédios. Higiênica, separou as pessoas, dividindo seu espaço por classes e distribuiu suas atividades dentro de um território bem demarcado.

Muito cedo, porém, Minas Gerais se deu conta de que a modernidade que perseguia escapava do traço rígido que desenhara Belo Horizonte. A nova capital podia ser uma bela cidade, podia retratar através de suas formas a elegância moderna das capitais europeias – e de seu modelo principal, a capital norte-americana –, mas isso não era suficiente. Faltava-lhe a modernidade tal como os mineiros a entendiam: faltavam indústrias e um lugar que as abrigasse; faltavam operários e máquinas em condições suficientes para produzirem, em larga escala, os ambicionados produtos que permitiriam à capital mineira, em virtude de sua situação geográfica, tornar-se um grande núcleo distribuidor no centro do país.

A solução encontrada foi a inauguração nos arredores da capital, em 1946, da Cidade Industrial, que ao longo das duas décadas seguintes amplia sua ocupação e vai realizando vagarosamente a modernização de Minas pela industrialização. Como que antevendo ser este um longo e difícil processo, Juscelino Kubitschek buscou oferecer aos mineiros, também nos anos de 1940, uma outra e mais rápida via de reconhecimento do moderno – a Pampulha –, que foi capaz de projetar mundialmente a cidade, inscrevendo nas audaciosas e revolucionárias construções arquitetônicas que abriga o traço de sua própria utopia.

Como contrapartida à hegemonia político-cultural dos centros metropolitanos internos e externos, a consciência de quem chega tarde na história do progresso e do novo, quando o moderno parece já estar consumado, reverte a ansiedade do atraso e do débito a favor de uma construção conceitual *a posteriori*, que seja capaz de dar conta de elaborar conexões alternativas da arte com a política, da cultura com a vida social. Nesse caso, a noção de *moderno tardio* não deve servir apenas para se pensar a constituição do Estado nacional brasileiro, do ponto de vista de Belo Horizonte e, depois, do projeto que culmina com a construção de Brasília. Mais do que isso, deve nos fazer ver, com a clareza necessária, o que aí é narrado sobre a própria modernidade.

O ponto crucial dessa narrativa é a defasagem entre modernidade e modernização, a que o trabalho crítico de perlaboração, a ser
levado a efeito na atualidade, torna possível detectar. A questão cultural se associa à questão teórica para enfrentar a pergunta talvez
mais relevante que se coloca: em cada uma das experiências tardias
do moderno, que cabe levantar e analisar, existiriam programas alternativos de modernidade? Em que área sua diferença se marcaria mais
acentuadamente? A partir desses programas, seria possível refazer
conceitualmente a discussão sobre modernidade, pós-modernidade
e tradição?

As questões adquirem um complicador a mais quando passam a
ser discutidas à luz da globalização contemporânea. Se é verdade que
a globalização revela o que ela mesma destrói, trata-se de individuar
percursos culturais localizados, com o objetivo de detectar como se
constroem e se transformam, sem fetichizá-los ou reificá-los. Ao invés
de estabelecer continuidades no interior de um sistema fechado – a
modernidade como um todo unitário –, interessa considerar os deslocamentos e os agenciamentos de experiências do moderno como um
espaço privilegiado para se investigar de que forma a emergência de
novos valores culturais irá ampliar as alternativas de escolha e experimentação dos indivíduos e comunidades.

Tome-se como exemplo o caso da fotografia. Uma vez derruba-
das as barreiras que bloqueavam sua utilização pela mídia impressa, seu uso como instrumento de criação de desejos e fomentador do
consumo se propaga vertiginosamente. A fotografia se efetiva como
elemento central da comunicação e do apelo publicitário, ao mesmo
tempo que a atuação de profissionais ligados à arte, ou nela educa-
dos, faz com que os princípios e os paradigmas dos vários moder-
nismos circulem entre o público em geral. Tal tendência, em virtude
das características da circulação de mercadorias no regime de livre
comércio, faz com que propostas geradas nos centros nacionais e es-
trangeiros mais dinâmicos se difundam mundialmente com grande
rapidez. Assim, as diferentes versões do moderno se propagam, via

NAÇÕES LITERÁRIAS

artes aplicadas e imagem fotográfica, modificando comportamentos e criando novas expectativas[6].

A problematização dos limites culturais, acirrada atualmente pelo confronto entre o não sentido de lugar da mídia e o localismo da cultura[7], pauta-se pelo estabelecimento de novas perspectivas de reflexão sobre a modernidade, que se projeta e se experimenta como lembrança de exílio e desterritorialização, polissemia e multicultura-lidade. A lógica suplementar que preside esse movimento reflexivo promove um excedente interpretativo que resulta no deslocamento dos valores instituídos e sua inserção numa outra ordem de avalia-ção. Dar novo valor ao moderno – ao se acrescentar a ele o qualifica-tivo *tardio*, por exemplo – é estabelecer um outro tempo para narrá-lo e, efetivamente, um espaço de significação descentrada, aberto a mo-dalidades distintas de atuação narrativa.

Reescrever a modernidade como uma globalização local[8] é, pois, chamar a atenção para o fato de que objetos culturais diferenciados são formas liminares de representação social e de redimensiona-mento de práticas políticas, considerando-se a heterogeneidade que constitui essas formas e que só podem ser bem percebidas quando se cruzam as fronteiras de um território – geográfico e disciplinar. Esse ponto de cruzamento ou intersecção revela que as identidades são sempre identidades virtuais, no sentido de que se situam "entre o não ser e o ser outro", para retomar a conhecida formulação de Paulo Emílio Salles Gomes, não mais como um estigma e sim como a própria condição de possibilidade de toda e qualquer cultura. Vale dizer: uma migração intermitente de sentidos e valores, em busca de decifração como uma mensagem numa garrafa lançada... à Lagoa Rodrigo de Freitas, no Rio de Janeiro. Conta-nos Carlos Heitor Cony, uma sua experiência de juventude:

> Bem, uma garrafa fora jogada na Lagoa, não devia trazer mensagem al-guma, nenhum náufrago precisaria apelar para esse tipo de correio tão pri-mitivo. Mas que garrafa seria aquela? [...] Havia um nome gravado no vidro,

umas letras igualmente estranhas que compunham aquilo que mais tarde seria chamado de logotipo. Foi com dificuldade que li: *coca-cola*. Li e não entendi. Devia ser um código, uma linguagem cifrada que eu deveria guardar e tentar traduzir [...] Eu recebia uma garrafa indecifrável, um objeto vindo de um outro mundo e que, à sua maneira, abria um mundo para mim[9].

1999

Não Mais, Ainda

No *Mapa dos Estados Unidos*, leitura pictórica do espaço sígnico da América, Jasper Johns ajunta manchas coloridas e brilhantes que, superpostas, invadem umas o território das outras, dissolvendo o contorno nítido de fronteiras, percebidas apenas por certas letras, elas também desfeitas, que identificam os estados norte-americanos representados. Em virtude das pinceladas nervosas e das cores que escorrem umas sobre as outras, como se o pintor tivesse pressa de terminar seu trabalho e fosse escasso o tempo para a tinta secar, o olho do observador se depara com algo que, à primeira vista, mais se assemelha a uma parede recoberta por grafites descuidados, a um depósito de material de sucata ou a folhas de jornal amassadas e sujas de tinta do que a uma representação cartográfica.

Como fizera com a bandeira americana, ora superpondo-a em tamanhos diversos (*Três Bandeiras*), ora reduzindo-a ironicamente a uma superfície áspera e branca que desfaz suas cores tradicionais (*Bandeira Branca*), a ênfase de Johns na exploração pop de símbolos já conhecidos e assimilados desconstrói, no caso do trabalho com os símbolos nacionais, toda a gama de representações e valores assentes da cultura americana. Visto pelo avesso, o espaço da América perde seu caráter simbólico de lugar de realização da utopia do Novo Mundo e revela-se, ao contrário, como um deserto de detritos e ruínas precoces que, para o olhar europeu de Jean Baudrillard em *América*, se apresenta "como um universo completamente deteriorado de riqueza, de potência, de senilidade, de indiferença, de puritanismo e de higiene mental, de miséria e de desperdício, de vaidade tecnológica e de violência inútil"[1].

Irradiação intermitente

A metáfora do deserto, entendido como espaço aberto a todos os caminhos ou a nenhum, é o que configura os passos da escrita de Baudrillard pelo universo ao qual alude. Abolida a perspectiva etnocêntrica europeia, em virtude do descentramento inaugurado pela nova rota a ser percorrida, o texto toma a forma da superfície, fiel ao preceito de que "para compreender é preciso tomar a forma da viagem"[2]. A metáfora transforma-se, então, em categoria operacional, para que possa dar conta, no transcurso do texto, do desdobramento e da repetição incessante das imagens formadoras da realidade que se oferece ao olhar. A realidade simulada conjuga-se, por efeito de refração, à simulação teórica de uma escrita híbrida, móvel e repetitiva como o objeto que busca apreender. Nesse sentido, o fascínio pelo vazio que o deserto faz nascer e que se reproduz em cadeia no horizonte imagístico da sociedade americana contamina e direciona a trajetória do texto, que passa a ser operado como numa tela de vídeo onde o pensamento se dá em espetáculo.

Baudrillard entrega-se, então, ao júbilo pelo desmoronamento do olhar cultural europeu, para ele estagnado para sempre nas concepções "estéticas" burguesas do século XIX e com elas comprometido, e identifica-se com a "forma desértica mental"[3] resultante do que considera a "utopia realizada". A possibilidade de movimentação incessante e a multiplicidade de direções (conceituais) que o deserto favorece – não importa o sentido ou o destino final – propiciam a libertação de valores ultrapassados e a descoberta de novos caminhos, mas podem

NAÇÕES LITERÁRIAS

levar, ao mesmo tempo, a um ponto de não retorno que reduz o texto apenas ao movimento do movimento que vai dar no nada.

Se "rodar é uma forma espetacular de amnésia"[4], necessária a novos descobrimentos, dela Baudrillard se vale para esquecer sua consciência "infeliz" de europeu que, apesar de tudo, retorna com frequência na obsessão que tem de encontrar a "origem" da sociedade americana, mesmo reconhecendo-a inexistente. Essa "repetição insensata"[5] que a recordação da viagem traz à superfície do texto tem no deserto, mais uma vez, o campo privilegiado de efetivação, sobretudo em Death Valley, que se apresenta como mônada significante que cristaliza a ideia de "um lugar iniciático, que participa da profundidade geológica e dos limbos, suave e espectral"[6].

Desse útero estéril e vazio, simulacro da origem, se irradiam as analogias textuais entre o mundo mineral e a desertificação que permeia a política, a cultura e a sexualidade, conduzidas por um *tour de force* interpretativo à "cena primitiva"[7] que as constitui, a qual resulta, enfim, na "forma depurada de deserção social"[8] vigente na atualidade americana. O eterno retorno postula-se, então, em termos de *geologia* e não de genealogia:

O Eterno Retorno é o do infinitamente pequeno, do tracionado, da repetição obsessiva de uma escala microscópica e inumana, não é a exaltação de uma vontade nem a afirmação soberana de um evento, nem a sua consagração por um sinal imutável, como queria Nietzsche; é a recorrência virótica dos microprocessos, inevitável, por certo, mas que nenhum sinal potente logra tornar fatal para a imaginação [...] tais são os eventos que nos cercam: microprocessivos e instantaneamente apagados[9].

Em substituição à crítica como teoria e método bem delimitados, Baudrillard opta pela "disseminação" e pela "desconstrução"; às grandes sínteses interpretativas, prefere o saber narrativo local e periférico. Diante do panorama atual de escombros e de restos, da extrema fragmentação inerente aos campos da comunicação e da criação, os passos e as intenções de *América* se dão no âmbito de um território crítico-

177

-conceitual não absolutizante, acolhendo e retransmitindo a "desertificação mental" contemporânea na esperança (inconfessada) de miná-la por dentro. O objetivo do livro-viagem consuma-se, pois, na recorrência rizomática das etapas percorridas e no recorte hermenêutico do seu trajeto – "forma pura que resulta da abstração de todas as outras"[10].

Não há nada lá

Em *Paris, Texas*, de Wim Wenders, há a mesma compulsão pelo vagar sem destino, o mesmo fascínio pela amplidão dos espaços abertos, a que o espectador é de imediato introduzido pelo passeio inicial da câmera pela superfície árida e desolada do deserto americano. Ao fixar-se logo no caminhante solitário que o percorre, e que será daí em diante o ponto nuclear do percurso fílmico, o olho que vê se diferencia, contudo, tanto no modo de ver quanto no objeto eleito pela visão. O deserto é agora o contraponto significante de uma trajetória de vida, de uma história pessoal que se confunde com a origem (irrecuperável) de uma nação.

O percurso de Travis da planície desértica à tela neutra do *peepshow* onde reencontra Jane é pontuado pela foto amarrotada de um pedaço de terra vazio que Travis comprou sem nunca ter visto e por acreditar ser ele o local de sua gestação. Identificado apenas por uma tabuleta onde se nomeia sua localização – Paris, Texas –, o suposto lugar, cenário da origem, alude, desde a nomeação inusitada que aproxima confundindo dois espaços distantes e irreconciliáveis, a um efeito de desterritorialização. De fato, para o personagem de Wenders, mesmo quando resgatado da mudez e da amnésia, o horizonte da procura desloca-se para muito além de todo e qualquer território. O olhar perdido num ponto inalcançável segue por trilhos que vão dar, quem sabe, no não lugar da foto-relíquia do passado. "O que há? Não há nada lá", interpela-o Walt, o irmão publicitário, sendo provisoriamente bem-sucedido em fazer Travis abdicar do périplo sem rumo e sem sentido.

NAÇÕES LITERÁRIAS

O reencontro com o filho no (re)conhecimento obtido por ambos a partir da imagem de pai projetada na tela que reevoca o passado (desfeito) em família, recoloca por certo algo que estava fora do lugar para Travis e parece, num primeiro momento, encerrar a caminhada empreendida, dando-lhe um sentido. Mas esse reencontro performático e de imagens nada mais é do que uma *cena* do filme, um modo de mediação para a etapa seguinte do encontro de Jane, recuperada depois para Hunter, o filho. A história poder-se-ia dar então por terminada, no segundo encontro de Travis com a ex-mulher, quando ambos se reconhecem e quando ele consegue recuperar a memória perdida de sua história pessoal, através da retrospecção do vivido antes da separação familiar.

Disponível para partir de novo, após esse encontro, Travis parece deixar atrás de si apenas a banalidade de uma história como tantas outras, que o próprio cinema já se encarregou de contar à exaustão. Terminado o filme, o espectador menos avisado poderia, então, reduzir o que viu ou a viagem de que participou à esfera do sentimentalismo *kitsch*, mas Wenders é arguto o suficiente para, trabalhando com situações já vistas e sentimentos comuns, conseguir revertê-los. O olhar *estrangeiro* do cineasta, ele próprio em viagem por terras desconhecidas, é o móvel dessa reversão. Ela se revela no fato de *Paris, Texas* sugerir, desde as tomadas iniciais, uma espécie de leitura dos clássicos do cinema americano sobre a conquista do oeste, nos quais se percebe nítida a intenção de criar uma história para uma nação "sem história" (Baudrillard).

As tomadas panorâmicas, os planos abertos tão característicos do filme, atuam, pois, como memória do olhar que o antecedeu e, simultaneamente, como abertura do olhar ao presente. A câmera também viaja no espaço e no tempo, e no percurso flagra pequenos detalhes – a águia solitária do início, a bandeira americana no topo de um edifício, a estátua da liberdade pintada nas paredes externas do local onde Jane trabalha, os anúncios luminosos – que efetuam o corte da diferença no indiferenciado e ampliam, desterritorializando-a, a rota dos conflitos pessoais de Travis. Transposto o oceano (Wenders) ou o

179

deserto (Travis), o ponto de chegada é uma foto amassada, imagem de um lugar vazio, mas amplo o suficiente para engendrar, em moto contínuo, novas caminhadas.

Sem ir nem ficar

Caminhar por caminhar, sem saber para onde e para que, é a condenação que pesa sobre os personagens de *Bandoleiros*, de João Gilberto Noll. A recomposição do roteiro de perdas do narrador, matéria do narrado, participa do caráter quase inercial dessa movimentação em que nada parece sair do lugar. Como em câmera lenta, as raras ações custam a cumprir-se, os gestos se suspendem antes que se completem, a escrita assume um ritmo espasmódico, à espera de que algo aconteça para que se coloque um ponto final na história. A margem dos grandes eventos e da grandiloquência em registrá-los, o narrador opta por desmaterializá-los pela técnica do distanciamento "cinematográfico" – "Naquele momento preciso, em que eu gritava no deserto noturno que mataria Steve igualzinho à cena do chuveiro em *Psicose*, naquele momento preciso Steve começava a apertar meu pescoço com suas mãos que não sei por que cheiravam mal"[11].

A (im)precisa anotação temporal e a simultaneidade de atos distintos, no exemplo citado, condensam a postura do narrador diante dos eventos narrados e o andamento que procura dar à escrita. A semelhança do *Mapa dos Estados Unidos*, de Jasper Johns, introduzido como oportuna ilustração na capa do livro, o mapeamento temporal e espacial do trajeto percorrido faz-se por meio do acúmulo desordenado e da superposição heterogênea de fragmentos narrativos que também *escorrem* uns sobre os outros, contaminando-se mutuamente. Fica descartada, portanto, qualquer ideia ou possibilidade de progressão efetiva, não só em virtude do caráter circular da narrativa que começa onde termina, mas, sobretudo, em razão da *horizontalidade* que assume, como se estivesse fixada na superfície chapada de um quadro ou de um teleprocessador.

Não seria descabido, em relação a *Bandoleiros*, falar de uma história sem história, de um presente perpétuo, esquizofrênico, já perdida a referência temporal dos fatos vividos pelos personagens e dissolvidas no nada as balizas de demarcação espacial de suas performances – "fora as estrelas e a lua tudo negro, as dimensões do vazio a se perder de vista"[12].

Como no monturo de lixo da periferia deserta de Porto Alegre ou na casa em ruína dos arredores gelados de Boston, o território geográfico e *humano* do texto se reduz à morte e à putrefação, aos destroços existenciais de um universo desagregado.

Nesse "cenário em ruínas"[13] que nem a contrafação desajeitada da Sociedade Minimal de Ada consegue soerguer, o embate entre o narrador e Steve, o americano, poderia revestir-se do caráter alegórico de uma confrontação político-cultural, não fosse a compulsão da narrativa de tudo anular no indiferenciado. Na verdade, o trânsito de mão dupla de Steve e do narrador entre o Brasil e a América participa da já aludida perda de referência temporal e espacial dos personagens e se resolve, paradoxalmente, na utopia de um não lugar que consiga aplacar essa perda:

> Segundos depois Steve deixou de exalar vapor. Fixei os olhos em sua boca, e me perguntei se eu não estava vendo vapores demais. Se eu não estava com desejo de continuar a ver tudo esfumaçado. Precisando dessa névoa... e que ela descesse seu peso sobre o mundo, ali, agora, naquela casa nos arredores de Boston, e reinasse sua paz esbranquiçada sobre os homens, e que nela eu não precisasse mais voltar para qualquer país[14].

Por efeito de reversão irônica, a possibilidade de existência desse não lugar, tal como postulada, confunde-se com o lugar delegado aos poetas na Sociedade Minimal, e enuncia o campo restrito de atuação do escritor: "Os poetas das Sociedades Minimais viverão gozosamente trancafiados em escuras celas privativas: álcool, alucinógenos, mulheres, tudo. Só tem que permanecerão trancafiados para sempre na trevosa mas celeste cela. Não suportariam a luz do sol, eles que tecem o grande painel da Morte"[15].

Diante do panorama de escombros de um mundo tornado deserto, como num cenário pós-nuclear, a dicção agônica da prosa de Noll, fundada na versão apocalíptica sobre a situação contemporânea, propõe que todos os valores atuais sejam transformados. Herdeiro e produtor de ruínas, o próprio romance se desagrega, na esperança de uma redação que dê passagem a algo que talvez possa oferecer saídas para o presente e livrar a escrita do espaço de clausura a que se encontra ameaçada.

A mala que o narrador de *Bandoleiros* traz da viagem pesa insuportavelmente, assim como a foto amassada de que Travis não consegue se desvencilhar. O olho tatuado no peito de Steve parece controlar, na sua imobilidade, todas as saídas – "Estava ali a descoberto o olho tatuado no peito. Era a primeira vez que eu via o olho. Mas não havia tempo a perder, e sem pestanejar encostei o cano da arma na pupila do olho tatuado"[16].

1991

A Forma Vazia:
Cenas de Violência Urbana

as palavras de um livro
sem final, sem final,
sem final, sem final, final
MARCELO YUKA/O RAPPA

Cena 1: a fundação

Na parede, algumas fotografias em película ortocromática pintada e outras coloridas em papel resinado; no chão, bandejas de ferro dispostas como lápides – tudo reunido sob o título *Imemorial*, inscrito em branco no branco. A instalação da artista brasileira Rosângela Rennó, datada de 1994, restitui ao olhar contemporâneo uma cena invisível: a morte de operários construtores de Brasília. Projeto minucioso de pesquisa no Arquivo Público do Distrito Federal, para realizá-lo a artista retira do fichário trabalhista e enumera sequencialmente os mais de cinco mil trabalhadores mortos durante a construção da Novacap, bem como registra a grande quantidade de crianças aí empregadas. Informa, ainda, sobre o massacre ocorrido no alojamento de uma empreiteira, quando a Guarda Especial de Brasília, ao ser chamada em razão de uma briga de dois operários por comida, chega atirando[1].

A obra de Rennó pauta-se por uma dupla intervenção: primeiro, exuma e reordena *in loco* componentes do arquivo morto, mobilizados a partir de uma ordem classificatória própria; segundo, expõe publicamente o novo recorte, de acordo com critérios artísticos que inserem os dados escolhidos num outro espaço de circulação social. A rigor, nessa operação desconstrutora, a obra exposta é apenas uma etapa não só do trabalho de constituição do Arquivo Universal que a artista vem realizando, mas da sequência interminável, anterior e posterior ao evento rememorado – a fundação da cidade.

O arquivo é, como a cidade, um sistema de discursos que encerra possibilidades enunciativas agrupadas em figuras distintas, compostas umas com as outras segundo relações múltiplas e mantidas ou não conforme regularidades específicas. O arquivo não é, pois, o depósito de enunciados mortos, acumulados de maneira amorfa, como se fossem meros documentos do passado, reduzidos a testemunhos permanentes da identidade de uma cultura. Nas palavras de Foucault, "longe de ser o que unifica tudo o que foi dito no grande murmúrio confuso de um discurso, longe de ser o que nos assegura existir no meio do discurso mantido, é o que diferencia os discursos em sua existência múltipla e os especifica em sua duração própria"[2].

A prática arquivística define-se, assim, pelo valor diferencial que congrega e permite, ao mesmo tempo, a subsistência de enunciados e sua regular transformação, a rigor intermináveis. Daí não ser o arquivo descritível em sua totalidade, mas por fragmentos, regiões e níveis, distintos com maior clareza em virtude da distância temporal que dele nos separa. Em suma, ele "é a borda do tempo que envolve nosso presente, que o domina e que o indica em sua alteridade [...] Ele estabelece que somos diferença, que nossa razão é a diferença dos discursos, nossa história a diferença dos tempos, nosso eu a diferença das máscaras"[3].

A violência emblematizada pelo modo como a informação é guardada e mantida à distância exprime a natureza arbitrária da acumulação do conhecimento, a maneira como é organizado enquanto capital cultural, ou seja, através de um ato contraditório de subtração e esquecimento forçado. Nesse sentido, a barbárie do procedimento, ao obstruir elos e conexões que instituem lugares alternativos de circulação simbólica, aparenta-se ao ato de preservação cujos mecanismos de seleção e armazenamento tendem a fazer desaparecer a sujeira e a dor[4], ao contrário da memória, que faz delas sua matéria. A apropriação do arquivo por Rennó – do que nele é origem da descontinuidade que é a morte, da intermitência que representa em termos de ruína e relíquia – realiza-se como "sub-versão"[5] ou versão subalterna do metarrelato fundador da cidade moderna, cuja imagem dominante de cartão-postal aparece irremediavelmente deformada, disforme.

Como notou Roberto Schwarz, Brasília

> [...] representara um aprofundamento do caráter autoritário e predatório da modernização brasileira, em linha com a tendência que em seguida levaria ao regime militar. Noutras palavras, a realização mais sensacional e abrangente do programa histórico das vanguardas artísticas incluía entre as suas virtualidades o servir de álibi a um processo de modernização passavelmente sinistra, em cuja esteira ainda nos encontramos[6].

O que *Imemorial* nos dá a ver, a seu modo, é essa passagem inconclusa e sempre adiada para o moderno, que se revela sob a forma de uma modernização sem modernidade, sem a incorporação dos valores de um destino comum a ser compartilhado na arena pública. Desde o título, que remete ironicamente ao conjunto do Memorial da América Latina, de autoria do mesmo arquiteto de Brasília, Oscar Niemeyer, a instalação traduz a permanência desse gesto truncado de fundação da cidade enquanto lugar do cidadão. Através do direito *post mortem* à pólis que os fotografados expostos reivindicam, por meio do desejo de pertencimento a ela expresso, instaura-se como pura transparência a condição fantasmática dessa demanda.

Espacialmente, essa condição se formula pelo uso "arquitetônico" que Rennó faz do espaço do chão e da parede, numa relação especular com as fotos e os textos exibidos. Conforme a observação de Paulo Herkenhoff,

> [...] o espelho real fica com as cinquenta fotografias agrupadas em faixas horizontais, sendo as fotos dos mortos em preto sobre preto, e a das crianças

que trabalharam, mas não morreram, em cores muito escuras. Essas fotografias são feitas em filmes gráficos, cuja superfície, muito brilhante e pintada de preto por trás, se torna então um espelho negro, indicativo do lugar de sombra social em que esses narcisos experimentam o desamor coletivo por si. Finalmente, o espelho obscuro, vazio no qual se projetam esses narcisos melancólicos, pode dar a perceber que o retângulo da fotografia pode ser lápide para a morte agenciada[7].

O trabalho de luto da cidade monumento-funerário inaugura a potência recalcada da imagem como crítica da ideologia visual contemporânea. Em certo sentido, para a artista, a transparência ofuscante do espaço urbano do planalto central encerra o simulacro da própria condição semiótica desse espaço e do desvio da função escópica que a reveste: trata-se de *não ver para crer*. A compulsão à invisibilidade – reiterada exaustivamente pelos mais diversos meios de reprodução tecnológica na atualidade – leva ao extremo da amnésia social, por localizar-se, adverte-nos a obra em foco, no ponto mesmo em que o "instantâneo" fotográfico se nega à possibilidade de perlaboração – de integrar uma interpretação e superar as resistências que suscita – ou de memória. Em outros termos, arquiva-se o processo de desrecalque do moderno, no momento em que este parece impor-se em toda sua extensão ao espectador, que, em última instância, é o objeto por excelência das fotos mostradas.

Nesse sentido, a memória e a repetição mnemônica são mobilizadas para afirmar uma perda ou falha primária a que se tenta sobreviver pela resistência à atração sinistra que a disposição das fotos apresenta. Produz-se, então, algo inesperado, da ordem do heterogêneo, na medida em que o olhar do espectador se defronta com uma forma remanescente, uma espécie de aparição fantasmal – *spectrum* – que o instantâneo "fotográfico" consegue capturar. A "faculdade mimética" da operação define-se aí por um deslocamento que afeta o original que as fotografias representam, mostrando o que nunca foi visto ou escrito[8]. Refotografar torna-se possível somente porque o original não é completo ou idêntico a si mesmo, apesar de ser a matriz poderosa que a intervenção de Rennó irá desfazer ou *de*formar. No limiar da deformação – a um só tempo motor e resultado do trabalho artístico –, a violência constitui-se como limite, para não dizer obstáculo, das articulações culturais que tornariam factível a emergência de novas identidades e sua força de atuação no espaço social.

Ao interromper à sua maneira o fluxo de imagens produzido pelo dispositivo modernizador especial que é a fotografia, Rennó capta o mecanismo de exclusão que resulta no rompimento do tecido urbano e social desde sua origem. O ato de fundação da capital republicana inscreve-se como forma extremada da violência própria à "cidade escassa", que Maria Alice Rezende de Carvalho identifica como "expressão residual da cidadania" e, portanto, pouco apta a "articular os apetites sociais à vida política organizada"[9]. É o que *Imemorial* retrata, por meio dos espaços vazios e dos silêncios de Brasília, como negatividade instituinte e aberta à reflexão contemporânea.

Cena 2: a cidade

[...] Teve dificuldade em atravessar o osso, apanhou o martelo em baixo da pia da cozinha e, com duas marteladas na faca, concluiu a primeira cena daquele ato. O braço decepado não saltou da mesa, ficou ali aos olhos do vingador. A criança esperneava o tanto que podia, seu choro era uma oração sem sujeito e sem Deus para ouvir. Depois não conseguiu chorar alto, sua única atitude era aquela careta, a vermelhidão querendo saltar dos poros e aquele sacudir de perninhas. Cortava o outro braço devagar, aquela porrinha branca tinha que sentir muita dor. Teve a ideia de não se utilizar mais do martelo, a criança sofreria mais se cortasse a parte mais dura vagarosamente. O som da faca decepando o osso era uma melodia suave em seus ouvidos. O bebê estrebuchava com aquela morte lenta. As duas pernas foram cortadas com um pouco mais de trabalho e ajuda do martelo. Mesmo sem os quatro membros o nenê sacudia-se. O assassino levou um braço acima da cabeça para descê-la e dividir aquele coração indefeso. O bebê aquietou-se na solidão da morte[10].

A cena de esquartejamento, um dos episódios mais brutais entre vários outros de *Cidade de Deus*, de Paulo Lins, é exemplar, na sua objetividade e precisão absurdas, da forma como a violência se impõe enquanto linguagem marginalizada, pertencente a "um mundo onde a república não chegou"[11]. Mais ainda: da forma como essa linguagem funciona no sentido de romper o círculo estreito do confinamento social que é a "neofavela de cimento armado"[12], nas palavras com que o autor define o condomínio de traficantes, criminosos e trabalhadores que dá título ao romance. A situação diz muito da maneira como o livro, um volume de mais de quinhentas páginas, foi concebido. Resultado da atuação do escritor como membro da equipe da pesquisa "Crime e Criminalidade no Rio de Janeiro", coordenada pela antropóloga Alba Zaluar[13], a narrativa conjuga a experiência do escritor – negro, ex-favelado e então universitário – com os dados da enquete social. A eles acrescenta o recurso do aproveitamento da técnica da notação sensacionalista do jornal popular, que a perspectiva ficcional encarrega de revestir de força generalizadora.

O compromisso de exprimir o que é excluído – apresentado reiteradamente da perspectiva do monstruoso em sua violência desmedida – é a situação-limite da escrita, que se vê de certo modo coagida pela forma hegemônica do romance e, ao mesmo tempo, tem de fazer dela um campo discursivo aberto o suficiente para articular uma linguagem subalterna. A aderência ao referente[14] é um complicador a mais, na medida em que aproxima o texto da inscrição fotográfica e, em consequência, da linguagem dêitica que constitui a fotografia[15], apontando para uma realidade extratextual que parece impedir a aludida articulação e restringir a atividade da leitura à confirmação documental. Dito de outra forma, é como se o autor trabalhasse com dois sistemas distintos de signos – a escrita e a fotografia –, mas partindo do primeiro para chegar ao segundo, e não o contrário.

Nesse processo simulado de tradução intersemiótica, de passagem de um sistema de signos a outro, reside, no entanto, a capacidade de o romance constituir-se como escrita ficcional, pois, no percurso da travessia, produz-se a não coincidência dos termos traduzidos, espécie de falha ou quebra entre a palavra e a imagem (fotográfica), como os versos-epígrafe de Paulo Leminski sugerem desde a abertura do livro:

Vim pelo caminho difícil,
a linha que nunca termina
a linha bate na pedra,
a palavra quebra uma esquina,
mínima linha vazia,
a linha, uma vida inteira,
palavra, palavra minha.

Ao enfatizar seu estatuto literário pela indicação autorreflexiva com que se inicia, *Cidade de Deus* se recusa a "naturalizar" os dados representados, negando-se a fixá-los numa imagem estável, mesmo porque é a velocidade alucinante da sucessão das cenas (fotografias então tornadas fotogramas) que dá um ritmo peculiar à narrativa e lhe empresta uma nitidez formal também peculiar – como se diz de uma imagem que tem boa definição.

A "vertigem de superfície"[16] que as cenas provocam – e que a cena do esquartejamento da criança exprime de forma exemplar – retira o peso das imagens configuradas (embora se possa também afirmar que são imagens "pesadas"), desvinculando-as do referente imediato, tal a violência excessiva da situação representada e que parece, por isso, improvável. Mais ainda, é essa vertigem que destitui o texto de qualquer profundidade psicológica, bem como o afasta da certificação sociológica totalizadora das ações e do destino dos personagens, esvaziados que são de uma interioridade que os justifique ou lhes dê sentido. Ao renunciar assim a julgamentos predeterminados ou a explicações compensatórias, a narrativa reforça sua determinação de assumir a violência menos como tema do que como forma da sua radicalidade.

Dito isso, só à primeira vista o romance guarda algum parentesco com a prosa naturalista brasileira, de que seria um herdeiro extemporâneo. Na verdade, não custa enfatizar, seu universo textual é todo ele atravessado pela exposição midiática do acontecimento, o que sobredetermina o andamento veloz da ação, agregando-lhe um valor hiperrealista que parece ser a via mais adequada para enunciar o hiato inerente à visão ao mesmo tempo próxima e distante do objeto que o olhar antropológico transforma em ficção. Daí o aspecto estranhamente inquietante das imagens de violência que, repetidas à exaustão, colocam em xeque a naturalidade e neutralidade com que transitam simultaneamente das páginas do jornal ou da tela da TV para o cotidiano da favela e, por extensão, da cidade. E que nesse trânsito, note-se, justificam e dão momentaneamente legitimidade, da perspectiva do criminoso, aos crimes cometidos.

O romance trabalha com continuidades e descontinuidades na urdidura de uma história que parece não ter fim nem finalidade. Por meio da sucessão ininterrupta de micronarrativas, que funcionam como flashes fotográficos perceptíveis só o tempo suficiente para que o leitor perceba com clareza a carga explosiva que contêm, a narrativa viola a zona de invisibilidade que divide a cidade em duas – a do asfalto e a da favela –, que a torna uma "cidade partida", para usar a expressão de Zuenir Ventura. Violação que acaba por desfazer essa partição ou a fronteira entre uma "cidade" e a outra, o que se revelará como desconforto na própria recepção crítica do texto do ex-morador da Cidade de Deus, visto ora sob a óptica restritiva do "romance etnográfico", como o define Alba Zaluar na orelha do livro, publicado por uma editora de prestígio, ora com um entusiasmo não isento de cautela por um crítico eminente[17].

Afinal, o que não se pode suportar ou aceitar de todo? Talvez a banalização da violência na "guerra permanente"[18] do tráfico de drogas, a gratuidade do sentido que encerra e se dissemina por toda parte. *Uma forma vazia, sem destino, que não contém mais nenhuma proposição senão ela mesma* – como uma bala perdida cravada num alvo imprevisto. Acercar-se dessa forma é a condição meio impossível da escrita de Paulo Lins. Por isso, o livro se escreve desde um trava-língua que resume sua difícil contemporaneidade, a penosa articulação significante a que se propõe: "Falha a fala. Fala a bala"[19], anuncia o autor logo de início. Sob o signo da ameaça ao próprio ato de escrever é que se instaura uma ordem discursiva propícia ao enfrentamento "artístico" da barbárie anunciada, que condena essa ordem ao desaparecimento, no momento mesmo em que ela busca afirmar-se e afirmar sua condição escatológica – "massacrada no estômago com arroz e feijão, a quase palavra é defecada ao invés de falada"[20].

Por isso, também, essa "quase palavra" que é o romance não comporta nada além de sua enunciação, não postula nenhuma intenção programática, como em outra época, na década de 1960, ao tratar de questão semelhante fora possível a um artista como Hélio Oiticica fazê-lo. Ao aproximar o bandido do revolucionário político, Oiticica constrói uma teoria radical da marginalidade, revolta da arte contra toda forma de opressão, seja ela metafísica, estética, intelectual ou social, e cuja síntese pode-se ler no objeto *Homenagem a Cara de Cavalo* ou em *Seja Marginal, Seja Herói*. Nenhum heroísmo tem lugar em *Cidade de Deus*, pois "morto no chão, o senhor violento e astuto da vida e da morte dos outros é um menino desdentado, desnutrido e analfabeto, muitas vezes descalço e de bermuda, de cor sempre escura, o ponto de acumulação de todas as injustiças de nossa sociedade"[21].

O convívio social muito esgarçado aparece, assim, reduzido quase só a práticas de sobrevivência individual, nas quais a universalização dos direitos se desfaz ante a presença ubíqua do crime organizado[22], cujo poder estreita cada vez mais as relações entre a "bala" e a "fala". A cidade então desaparece. Vista de relance, durante assaltos, fugas ou desovas de cadáveres por policiais ou traficantes, ela é desfigurada, esquartejada pela violência que se impõe como forma incisiva de inscrição imagética.

Imagem da morte ou da impossibilidade de um discurso subalterno que não seja potencialmente letal, *Cidade de Deus* simula efetuar a aproximação entre tempo real e evento. É o modo que encontra para marcar, pela reversão da técnica midiática de que se apropria[23], uma concepção da realidade histórica da cidade, que cada vez mais tende a desaparecer. O apelo à exterioridade, de que se vale todo o tempo o escritor, ao contrário de propiciar a visibilidade da emergência de novos sujeitos na cena pública brasileira, revela-se uma das condições especiais de enunciação literária do mecanismo de aniquilamento desses sujeitos. Afinal, a existência mesma do livro aponta para um novo quadro de práticas e discursos que permanecem no horizonte de uma possibilidade, ainda que remota, de superar a exclusão.

Cena 3: a cicatriz

De uma outra perspectiva, o desaparecimento da cidade pode ser percebido através da submissão do espaço corporal a técnicas específicas de controle disciplinar. Em projeto também de autoria de Rosângela Rennó – *Cicatriz* –, exposto em 1996 no Museum of Contemporary Art of Los Angeles, imagem e texto defrontam-se com a tarefa de mapear o território minado onde se dá a exclusão dos corpos na cena contemporânea.

Para tanto, a artista mais uma vez se vale da memória e do arquivo, mediadores de uma outra chacina, entre tantas, ocorridas no país. Em 2 de outubro de 1992, no Pavilhão 9 da Casa de Detenção do Complexo Penitenciário do Carandiru, em São Paulo, uma briga entre dois detentos provoca uma revolta que leva a Polícia Militar a invadir o presídio. Como resultado, 111 presos mortos e mais de uma centena de feridos. Nas manchetes dos jornais, aparecem fotografias dos corpos nus, enfileirados em caixões de zinco, com um número pintado à maneira de identificação.

Rennó não trabalha com as fotos da chacina do Carandiru. Superpõe a elas, como um *pentimento*[24] ao avesso, outras figuras do passado. Sua interferência consiste em rasurar, refotografar e recontextualizar algumas imagens de um universo de mais de quinze mil negativos fotográficos de vidro, encontrados na Academia Penitenciária do Estado de São Paulo. As imagens, que recobrem o período de 1920 a 1940, são em sua maioria fotos identificatórias e signaléticas: rostos de frente ou perfil; corpos nus de frente, de lado e de costas. Rennó seleciona fotos de corpos tatuados, amplia alguns detalhes e expõe as novas imagens acompanhadas de textos do Arquivo Universal. São histórias ordinárias de gente comum, retiradas do jornal, de algum modo relacionadas com fotografias, posteriormente reelaboradas pela artista, que elimina, nomes, lugares e datas – "um arquivo de imagens escritas, na qual a identidade dos sujeitos é mutilada pela maiúscula seguida do ponto. A indeterminação do sujeito reforça e acentua uma falsa objetividade. O anonimato da situação é também a chancela da sua intenção"[25].

A violência que aí se expõe como forma é bastante sutil, filtrada que está por uma linguagem direta, nos textos, e uma certa assepsia do olhar, nas imagens, cuja pulsão carcerária original nos dois registros parece diluir-se na superfície regular das letras em relevo e nas linhas que circundam o desenho das tatuagens – quase como se estas adquirissem autonomia em relação aos corpos onde incidem. O apagamento dos corpos na imagem retoma, assim, a operação tecnológica por excelência da fotografia, para reverter a "cegueira histórica"[26] que contém a favor da lembrança da segregação e do abandono.

O mais terrível das imagens de *Cicatriz* é nos fazer ver que o sequestro das identidades que exibe não é efeito provisório de um regime – político ou discursivo – de exceção. Constituem, antes, um regime de continuidade no tempo. A instalação do Carandiru não evoca a chacina tal como ocorrida, mas não cessa de reencená-la, como se "cada disparo da polícia já estivesse anunciado nos disparos da câmara do fotógrafo desconhecido que, mais de cinquenta anos atrás, tirou as fotos"[27]. A visibilidade que os corpos adquirem está na razão direta da sua opacidade histórica: quanto mais escuros, mais perceptível torna-se então sua nitidez. A interferência da superfície corporal na trajetória da luz acentua a transformação dos corpos em objeto, a seguir em espectro, metamorfose em tudo distante da espetacularização a que parece estar condenada a imagem no presente.

Esse ato de negatividade delega ao confronto entre texto e imagem em *Cicatriz* um poder de latência – "presença muda"[28], para usar os termos da artista – que impulsiona o desdobramento ao infinito não só das possibilidades estruturais do arquivo, mas principalmente do sentido da violência de que é o guardião. O trânsito entre o referente e a imagem (textual ou fotográfica) constitui o lugar de retorno do excluído, marcado justamente pelo ato de intromissão do corpo na transparência óptica buscada[29], no instante em que se revela, sem subterfúgios, a tensão que permeia o trânsito político entre o indivíduo e a cidade (desaparecida). Aí o espectro encontra sua existência mimética, a fotografia caminha em direção à escrita e ambas se desfazem sob a leveza da luz, que abre espaço para o olhar fundador de uma comunidade arruinada.

2000

Latino-Americanismos

> *O discurso literário não pode mais sustentar ou acionar o elo entre cultura e Estado-nação, não pode mais ocupar a posição de significante vazio que poderia suturar uma articulação hegemônica no nível do Estado-nação. Ainda em outras palavras, o discurso literário não é mais o lugar privilegiado da expressão do valor social, entendido como aquilo que regula através do próprio regulamento, i.e., o próprio princípio do Estado. Se o valor social, enquanto significante-mestre para todos os significados, se articulou na modernidade com o Estado-nação através da mediação literária, tal mediação não é mais válida, não porque a literatura não possa mais fazê-la, mas sim porque o Estado-nação não é mais o referente primário do valor social.*
>
> ALBERTO MOREIRAS

A epígrafe acima serve de ponto de partida para o encaminhamento da questão que propomos discutir: as condições de possibilidade do latino-americanismo em tempos globais, da perspectiva da literatura como um valor *contemporâneo*. Iremos nos valer aqui da reflexão desenvolvida no livro *A Exaustão da Diferença: A Política dos Estudos Culturais Latino-americanos*, de Alberto Moreiras[1], sobretudo no sentido de buscar "um aparelho de conhecimento alternativo cuja condição necessária e suficiente seria não ser baseado na razão imperial como razão suficiente".

Uma alusão inicial aos estudos culturais e à questão do valor impõe-se, ao levarmos em conta a reivindicação da autoridade hermenêutica do intelectual tradicional ou crítico diante da *crise do valor* que a situação em epígrafe apresenta. Essa reivindicação, como sabemos, é apresentada por dois grupos distintos de intelectuais: por um lado, os intelectuais cosmopolitas ligados à nação, por outro, os intelectuais partidários das identidades e ligados ao estético. Em ambos os casos, e apesar das diferenças, é necessário destacar o populismo historicista em que deita raízes a posição de tais intelectuais.

Para uma outra posição acenam os partidários dos estudos subalternos, que deslocam a autoridade hermenêutica para a recepção popular, considerando, entre outros fatores, que o Estado-nação não é mais o padrão do conhecimento no âmbito da globalização (em curso ou concluída, dá no mesmo), e muito menos o multiculturalismo indulgente que a acompanha.

A crise do valor, a ser abordada seja da perspectiva dos estudos culturais, seja da perspectiva dos estudos subalternos, resulta de uma crise que se desdobra em crise dos conceitos de modernização e desenvolvimento, em razão do colapso do modelo dos três mundos; crise do conceito dos estudos de área, já que ele dependia do modelo dos três mundos; crise no conhecimento disciplinar, baseado na ruptura com a noção de teoria versus cultura.

Essa situação – a que Paul Bové chamou de "interregno" – pode ser entendida como "aquele lugar e tempo quando ainda não há nenhuma norma, quando há forças ordenadoras, mas estas não trouxeram sua norma institucional à vista de todos". Por ser assim, ela tornaria possível um pensamento que recusa o valor como padrão para o pensamento, como possibilidade de fuga da clausura hegemônica imposta pela razão imperial. Trata-se, pois, de um processo de desconstrução ou, em outras palavras, de "desvalorização dos valores", trabalho a ser feito por uma razão contingente.

Contra o recurso constante de assimilação e homogeneização da diferença pelo aparato globalizante, o latino-americanismo pós--colonial (entendido o termo pós-colonial como em referência mais a uma prática de estudo do que a seu objeto) se apresentaria como uma prática epistêmica antiglobal, ou seja, antirrepresentativa e anticonceitual. Sua função principal seria a de deter a tendência ao progresso da representação epistêmica em direção à articulação total. Apela-se para uma exterioridade que, como tal, se recusa a ser transformada em "uma simples dobra do interior imperial".

NAÇÕES LITERÁRIAS

Pensar a América Latina como lugar teórico dessa possibilidade requer a constituição do latino-americanismo como uma "performatividade epistêmica", em razão da passagem, atualmente em curso, da sociedade disciplinar para a sociedade de controle. Na fissura dessa disjunção histórica, emerge o pensamento do que é revelado na sua destruição ou em destruição. A nova aporia enuncia-se assim como traço messiânico do pensamento contemporâneo – sua necessidade compulsiva de encontrar um fora do sistema global.

A resposta para a pergunta de se há algo ou não diferente de um pensamento ocidental teria como lastro a metacrítica como possibilidade de pensamento da exterioridade. Ou se colocaria no horizonte de uma "contramodernidade", para usar a expressão de Homi K. Bhabha[2], que se revelaria como constituição de outro modo que não a modernidade, que pudesse dar conta de desejos de singularização entendidos como expressão virtual de certa distância ou inadequação face à incorporação global.

Regionalismo crítico pode ser o nome dessa metacrítica. Como uma forma de pensar o consumo cultural desde perspectivas regionais, ele se traduz no ato de pensar a resistência singular ao consumo a partir do interior do consumo, através do qual a formação de identidades acontece em tempos globais. Qualquer tipo de universalismo cultural se mostra aí como figura da ideologia dominante, revelação que abre espaço para a possibilidade teórica de algo residual, externo ao consumo global, próximo ao que Antonio Cornejo Polar entende como heterogeneidade[3].

Nos estudos culturais latino-americanos, enformados pelo aludido regionalismo crítico, a visão orgânica de uma cultura nacional unificada e a concepção de um sistema interestatal latino-americano perdem força, deixando de ser tomados como referentes primários. Abandona-se a noção de cultura nacional sem ter algo para substituí--la; abre-se mão de um conceito paradigmático de cultura; mantém--se a estrutura do argumento literário, apesar de se reconhecer que a literatura não funciona mais como mediadora soberana entre razão e Estado, conhecimento e poder.

Se tudo isso reduz o literário ou o neoliterário a uma forma de "pensamento decaído do interregno", é também o que revela as condições de possibilidade do conhecimento latino-americano enquanto troca transcultural assimétrica, na qual a cultura dominante perpetua seu domínio epistêmico como extensão do seu domínio social e político. Essa alteridade fundadora do latino americanismo é o que lhe permite sair de si e deter-se em suas determinações desiguais. As condições que regulam o conhecimento latino-americano são, assim, as que regulam seu não conhecimento, sua cegueira.

Um ponto de fuga possível parece esboçar-se na posição, já adiantada aqui, de estar dentro e fora da representação latino-americana. Tome-se como exemplo, para nossa argumentação, a posição do discurso nacional. Sabemos, desde a década de 1930, que o discurso brasileiro sobre a identidade nacional está intimamente ligado à necessidade de autolegitimação política do Estado brasileiro. A produção de uma cultura nacional-popular, na qual a literatura desempenha função de destaque, ajuda na consolidação do poder do Estado. A domesticação cultural da luta de classes por meio do recurso aos mitos de identidade nacionais, trazidos à cena literária pelos modernistas de 1922, garante a estabilidade continuada do aparato estatal. Reagir ao Estado ou a negá-lo é ainda estar dentro de seu campo de ação, reagindo a um olhar dissimétrico já interiorizado.

O mesmo pode-se dizer do latino-americanismo. Se, como quer Taussig, citado por Moreiras, do "representado virá o que subverte a representação", a subversão será efetiva apenas se ela não resultar em uma nova representação. Melhor pensá-la, então, como uma espécie de produção de não conhecimento, como forma de interromper o fluxo do significado (latino-americano) e da verdade. A interrupção metonímica – para usar mais uma vez termos de Homi K. Bhabha – é garantia da performatividade crítica, no sentido não apenas da já citada razão contingente, mas no da reconstituição arqueológica dos saberes silenciados. Reconstituição como autoarqueologia do não saber, o que toma visível suas condições de enunciação, a singularidade cultural que resiste à totalização.

Tudo isso emerge, é claro, no bojo da crise da dívida de 1982, que colocou em xeque, para sempre, paradigmas críticos associados às ideologias desenvolvimentistas e modernizadoras na América Latina. Noções como as de transculturação, universalismo e interdependência cultural – canalizadas através de posições nacionalistas distintas, muitas vezes atreladas a regimes ditatoriais no continente – deixam de desempenhar a função integradora que vinham desempenhando e mostram, por reversão, os traços ideológicos que carregam. Dentre eles, o que se refere à integração de processos de transculturação com a perspectiva hegemônica que servem para configurar (é o caso, por exemplo, do circuito de produção e recepção dos romances do *boom)*.

A pulsão totalizadora da globalização tem como efeito colateral, segundo Walter Mignolo[4], a multiplicação dos lugares de enunciação antes subjugados pelo próprio discurso latino-americanista. Ao revelarem o compromisso da autoimagem latino-americana com a imagem metropolitana, esses lugares alternativos denunciam a antiga monologia discursiva e as estratégias epistêmicas responsáveis por sua relativa estabilidade. Ao fazerem isso, ampliam os limites anteriores do saber disciplinar voltado para sua manutenção, deixando aberta a via para a emergência da "legitimação vinda do outro anteriormente subjugado".

Para tanto – e para que essa legitimação não caia nas malhas da representação que visa desconstruir –, o conhecimento do latino-americanismo direciona-se para um território pós-disciplinar, onde a alteridade (latino-americana) apresenta-se como excessiva em relação a si mesma. O risco de um colapso epistêmico é, no entanto, compensado pela possibilidade fundadora do não conhecimento (a rigor pós-disciplinar), no sentido de conceber o latino-americanismo como recalcador dos lugares de conhecimento latino-americano. Constitui-se aí um contradiscurso, que não é um mero ato opositivo à globalização, mas um meio, diz Moreiras, de "questionar sua força epistemológica na medida em que ela queira continuar cega a suas próprias determinações históricas e condições de produção". Como afirma ainda o autor,

[...] a reflexão latino-americanista vai então ter que continuar a se dedicar a um longo processo de articulação autorreflexiva; vai ter que começar, na verdade de um tipo particular de autodemolição, cuja própria base é a percepção de que as condições de possibilidade do latino-americanismo são ao mesmo tempo suas condições de impossibilidade, isto é, as condições que regulam o conhecimento latino-americanista também, e simultaneamente, regulam as condições de seu não conhecimento, de sua cegueira essencial à alteridade que sempre quiseram dominar, e que as condições que regulam a forclusão da alteridade pelo latino-americanismo são também as condições que empurram a alteridade para o primeiro plano da autocompreensão latino-americanista como trabalho epistêmico.

A crítica se veria, portanto, destituída do papel prioritário que lhe coube desempenhar na modernidade – o de consolidar a instituição literária e os limites da "cidade letrada" (Ángel Rama) – para se deter na autorreflexão de suas premissas até o limite de sua implosão e na refuncionalização de seu objeto, ele também flexionado até a destituição da transcendência que anteriormente lhe garantia um lugar hegemônico na ordem dos discursos. Para tanto, o gesto crítico (ou o ficcional?) deve valer-se da natureza intersticial da literatura – uma forma *entre* outras, um valor *entre* outros – para melhor acessar as novas conexões propiciadas pelo espaço intervalar que lhes garante uma "sobrevida" na atualidade.

Enfim, tudo isso seria possível pelo fato de a literatura desempenhar, como nenhum outro discurso, as funções de deslocamento e distanciamento. São elas que constituem, para Ricardo Piglia, a sexta proposta a ser agregada às propostas de Italo Calvino para o novo milênio. Diz Piglia:

NAÇÕES LITERÁRIAS

O estilo é esse movimento para outra enunciação, é uma tomada de distância em relação à palavra própria. Há outro que diz isso que, talvez, de outro modo não se possa dizer. Um lugar de condensação, uma cena única que permite condensar o sentido numa imagem. Walsh faz ver de que maneira podemos mostrar o que parece quase impossível de dizer. Podemos dizer se encontramos outra voz, outra enunciação que ajude a narrar. São sujeitos anônimos que estão aí para assinalar e fazer ver. A verdade tem a estrutura de uma ficção onde outro fala. Fazer na linguagem um lugar para que o outro possa falar. A literatura seria o lugar no qual sempre é outro o que vem dizer. "Eu sou outro", como dizia Rimbaud. Sempre há outro aí. Esse outro é o que se tem que saber ouvir para que isso que se conta não seja uma mera informação e tenha a forma da experiência[5].

2002

Notas

Nações Literárias

1. Maria Helena Rouanet, *Eternamente em Berço Esplêndido: A Fundação de uma Literatura Nacional*, São Paulo, Siciliano, 1991, p. 293.

2. Flora Süssekind, *O Brasil Não É Longe Daqui: O Narrador, a Viagem*, São Paulo, Companhia das Letras, 1990, p. 19.

3. Antonio Candido, *Formação da Literatura Brasileira (Momentos Decisivos)*, 3. ed. São Paulo, Martins, 1969, vol. 1, p. 10.

4. Mário de Andrade, *Aspectos da Música Brasileira*, Belo Horizonte, Villa Rica, 1991, p. 11.

5. Octavio Paz, "Hispano-América: Literatura e História", *O Estado de S. Paulo*, 14 set. 1980, Suplemento Literário, p. 3.

6. Richard Morse, *O Espelho de Próspero: Culturas e Ideias nas Américas*, trad. Paulo Neves. São Paulo, Companhia das Letras, 1988, pp. 13 e 14, respectivamente.

7. Octavio Paz, *Os Filhos do Barro: Do Romantismo à Vanguarda*, trad. Olga Savary. Rio de Janeiro, Nova Fronteira, 1984, p. 201.

8. Benedict Anderson, *Nação e Consciência Nacional*, trad. Lólio L. Oliveira. São Paulo, Ática, 1989, p. 77 *passim*.

9. Doris Sommer, "Irresistible Romance: The Foundational Fictions of Latin America", em Homi K. Bhabha (org.), *Nation and Narration*. London/New York, Routledge, 1990.

10. César Fernández Moreno, *América Latina em sua Literatura*, trad. Luiz Gaio. São Paulo, Perspectiva, 1979, p. xxiii.

11. Homi K. Bhabha (ed.), "DissemiNation: Time, Narrative and the Margins of the Modern Nation", *Nation and Narration*, London, New York, Routledge, 1990, pp. 291-322.

12. A versão foi publicada em *Poemas* (Juiz de Fora, Dias Cardoso, 1930).

13. O poema foi escrito em 1918 e publicado no volume *L'Allegria* (1931). "Em nenhuma/parte/de terra/ posso/me casar//A cada/novo/clima/que encontro/me acho/lânguido//que/uma vez/já me tinha/habituado//E me desprendo sempre/estrangeiro."

14. Giuseppe Ungaretti, "Canzone dell'esilio", em Leone Piccioni, *Per Conoscere Ungaretti*. Milano, Mondadori, 1971, p. 234.

Heterogeneidade e Conciliação em Alencar

1. José de Alencar, *Lucíola*, em *Ficção Completa*. Rio de Janeiro, Nova Aguilar, 1965, p. 262.

2. Silviano Santiago, "Liderança e Hierarquia em Alencar", *Vale Quanto Pesa*, Rio de Janeiro, Paz e Terra, 1982, p. 110.

3. Ángel Rama, *Transculturación Narrativa en América Latina*, Montevideo, Fundación Angel Rama, Arca Editorial, 1989.

4. Doris Sommer, "Irresistible Romance: The Foundational Fictions of Latin America", em Homi K. Bhabha (ed.), *Nation and Narration*. London/New York, Routledge, 1990.

5. Alencar, *Lucíola*, p. 229.

6. Antonio Candido, *Formação da Literatura Brasileira (Momentos Decisivos)*, 3. ed. São Paulo, Martins, 1969, 2 vols., p. 233.

7. *Idem*, p. 231.

8. Georges Bataille, *L'Erotismo*, Milano, Mondadori, 1976, pp. 20-26; 150-155.

9. Alencar, *Lucíola*, pp. 269-270.

10. *Idem*, p. 311.

11. *Idem*, pp. 253-254.

12. *Idem*, p. 279.

13. Machado de Assis, "Iracema", em José de Alencar, *Iracema*, edição crítica de M. Cavalcanti Proença. Rio de Janeiro, LTC; São Paulo, Edusp, 1979, p. 153.

14. Homi K. Bhabha (ed.), *Nation and Narration*, London/New York, Routledge, 1990.

15. José de Alencar, *Iracema*, edição crítica de M. Cavalcanti Proença. Rio de Janeiro, LTC; São Paulo, Edusp, 1979, p. 59.

16. *Idem*, p. 13.

17. *Idem*, p. 75.

Imagens de Memória, Imagens de Nação

1. Maurice Halbwachs, *La Mémoire Collective*, Paris, Presses Universitaires de France, 1950.

2. Michael Pollak, "Memória, Esquecimento, Silêncio", *Estudos Históricos*, Rio de Janeiro, vol. 2, n. 3, 1989, pp. 3-15.

3. Ernest Renan, *Oeuvres Complètes*, Paris, Calmann-Lévy, 1947, pp. 887-906: Qu' est-ce qu' une nation? Conférence faite en Sorbonne, le 11 mars 1882, vol. 1. Para um contraponto a esse argumento, ver, por exemplo, Tzvetan Todorov, *Nous et les Autres; la Refléxion Française sur la Diversité Humaine*, Paris, Seuil, 1989, pp. 247-261.

4. Renan, *Oeuvres Complètes*, p. 905.

5. As categorias de alto e baixo remetem a Eric J. Hobsbawn, *Nações e Nacionalismo desde 1780*, trad. Maria Célia Paoli e Anna Maria Quirino. Rio de Janeiro, Paz e Terra, 1990.

6. Contardo Calligaris, "Da Nação ao Triunfo das Tribos", *Folha de S. Paulo*, 27 mar. 1994, Ilustrada, p. 13.

7. Massimo Canevacci, "Antropólogo Italiano Cria o 'Etno-cyberpunk'", *Folha de S. Paulo*, 6 set. 1995, Ilustrada, p. 8 (entrevista a Elvis César Bonassa).

8. Benedict Anderson, *Nação e Consciência Nacional*, trad. Lólio L. Oliveira. São Paulo, Ática, 1989, p. 17.

9. *Idem*, p. 33. Sobre o tempo homogêneo e vazio, ver Walter Benjamin, "Sobre o Conceito de História", *Magia e Técnica, Arte e Política*, trad. Sergio Paulo Rouanet. São Paulo, Brasiliense, 1993, p. 229.

10. Para B. Anderson, a data no alto da página do jornal cotidiano é a marcação regular da passagem do tempo homogêneo e vazio. Cf. Anderson, *Nação e Consciência Nacional*, p. 42.

11. Anderson, *Nação e Consciência Nacional*, p. 35.

12. Charles Baudelaire, "Salon de 1845", *Curiosités Esthétiques*, Paris, Louis Conard, 1923, p. 78.

13. Charles Baudelaire, *Les Fleurs du Mal*, Paris, Armand Colin, 1958, p. 86. "Três mil seiscentas vezes por hora, o Segundo/Sussurra: *Lembra-te!* – Rápido, com sua voz/De inseto, Agora diz: Eu sou Outrora,/e suguei tua vida com minha trompa imunda."

14. Jeanne Marie Gagnebin, *História e Narração em Walter Benjamin*, São Paulo, Perspectiva, 1994, p. 61.

15. Benjamin, "Sobre o Conceito de História", p. 231.

16. Wille Bolle, *Fisiognomia da Metrópole Moderna*, São Paulo, Edusp, 1994, p. 345.

17. Carlos Drummond de Andrade, *Menino Antigo*, Rio de Janeiro, Sabiá, 1973, pp. 3-4.

18. Octavio Paz, *Os Filhos do Barro*, trad. Olga Savary. Rio de Janeiro, Nova Fronteira, 1984, p. 28.

19. Bolle, *Fisiognomia da Metrópole Moderna*, p. 324.

20. Silviano Santiago, "Discurso Memorialista de Drummond Faz a Síntese entre Confissão e Ficção", *Folha de S. Paulo*, 7 abr. 1990, Ilustrada, p. 5.

21. Ver, respectivamente, os poemas "O Beijo" e "Justificação", em Andrade, *Menino Antigo*, p. 91 e p. 7.

22. Charles Baudelaire, "Le Peintre de la Vie Moderne", *Oeuvres Complètes*, Paris, Louis Conard, 1925, p. 59.

23. "[...] qual o valor de todo nosso patrimônio cultural, se a experiência não mais o vincula a nós?" Walter Benjamin, "Experiência e Pobreza", *Magia e Técnica, Arte e Política*, trad. Sergio Paulo Rouanet. São Paulo, Brasiliense, 1993, pp. 114-119.

24. Carlos Drummond de Andrade, *Esquecer para Lembrar*, Rio de Janeiro, José Olympio, 1979, p. 15.

25. *Idem*, pp. 44-45.

26. Olgária C. F. Mattos, *Os Arcanos do Inteiramente Outro*, São Paulo, Brasiliense, 1989, p. 92.

27. Sobre a narratividade dos poemas de *Boitempo* ver José Guilherme Melquior, "Notas em Função de *Boitempo* (1)", *A Astúcia da Mímese*, Rio de Janeiro, José Olympio, 1972, p. 47.

28. Carlos Drummond de Andrade, *Boitempo & A Falta que Ama*, Rio de Janeiro, Sabiá, 1968, p. 53.

29. Louis Dumont, *O Individualismo: Uma Perspectiva Antropológica da Ideologia Moderna*, trad. Álvaro Cabral. Rio de Janeiro, Rocco, 1985, pp. 138-139.

30. *Idem*, p. 139.

31. Homi K. Bhabha (org.), "DissemiNation: Time, Narrative and the Margins of the Modern Nation", *Nation and Narration*, London/New York, Routledge, 1990, p. 315.

32. Murilo Mendes, *A Idade do Serrote*, Rio de Janeiro, Sabiá, 1968, p. 74.

33. *Idem*, p. 20.

34. Antonio Candido, "Minas Não Há Mais?", em Seminário Sobre a Economia Mineira, 1, 1982, Diamantina (MG). *Anais...* Diamantina, 1982, p. 29.

35. Alceu Amoroso Lima, *Voz de Minas*, 2. ed. rev. Rio de Janeiro, Agir, 1946, p.

NAÇÕES LITERÁRIAS

235. Ver, a respeito, Helena Bomeny, *Guardiães da Razão: Modernistas Mineiros*, Rio de Janeiro, Ed. UFRJ, 1994, p. 18 *et seq*.

36. Ver, a respeito, Wander Melo Miranda, "Memória e Nação", *Cenário: Psicanálise e Cultura*, Belo Horizonte, n. 3, 1994, pp. 148-156.

37. Pedro Nava, *Baú de Ossos*, 5. ed. Rio de Janeiro, José Olympio, 1978, pp. 103 e 111.

38. Ver a leitura dos memorialistas mineiros efetuada em Maria A. dos Nascimento Arruda, *Mitologia da Mineiridade*, São Paulo, Brasiliense, 1990, pp. 198-213.

39. Davi Arrugucci Jr., "Móbile da Memória", *Enigma e Comentário*, São Paulo, Companhia das Letras, 1987, p. 99.

40. Bomeny, *Guardiães da Razão*, p. 173.

41. Sobre a noção de "tra-dizione", ver Gianni Vattimo, *La Fine della Modernità*, Milano, Garzanti, 1987, p. 35.

42. Paul Ricouer, "Il Tempo Raccontato", *Aut-Aut*, Milano, n. 216, pp. 23-40, nov.-dic. 1988, p. 29 *et seq*.

43. Andrade, *Boitempo & A Falta que Ama*, p. 53. Em *A Idade do Serrote*, lê-se: "Eu queria conhecer esses bichos, que nos transmitiram portugueses, índios e africanos. Eu queria conhecer esses bichos que aparecem sempre no nosso folclore e que não havia em Minas, pelo menos em Juiz de Fora: o jabuti, o cágado, o tamanduá, a raposa e outros. Segundo Cláudia iríamos mais tarde por esse Brasil guaçu afora, até os confins do Amazonas, conhecer toda essa bicharada. Cobranoratizei--me antecipadamente à roda do meu quarto." (Mendes, *A Idade do Serrote*, p. 63.)

44. Walter Benjamin, "O Narrador: Considerações sobre a Obra de Nicolai Leskov", *Magia e Técnica, Arte e Política*, trad. Sergio Paulo Rouanet. São Paulo, Brasiliense, 1993, p. 201.

45. João Guimarães Rosa, "Minas Gerais", *Ave, Palavra*, Rio de Janeiro, José Olympio, 1970, p. 246.

Sem Pátria

1. José Murilo de Carvalho, "Brasil: Nações Imaginadas", *Pontos e Bordados: Escritos de História e Política*, Belo Horizonte, Editora UFMG, 1998, p. 254.

2. Graciliano Ramos, "Pequena História da República", *Alexandre e Outros Heróis*, São Paulo, Martins, 1970, p. 157.

3. *Idem*, p. 159.

4. Graciliano Ramos, *Cartas*, Rio de Janeiro, Record, 1981, pp. 130-131.

5. Otto Maria Carpeaux, "Visão de Graciliano Ramos", *Origens e Fins*, Rio de Janeiro, Casa do Estudante do Brasil, 1943, p. 341.

6. Antonio Candido e Silviano Santiago, "Mesa-redonda", em José Carlos Garbuglio *et al.*, *Graciliano Ramos*, São Paulo, Ática, 1987, pp. 428-430.

7. Luiz Costa Lima, "A Reificação de Paulo Honório", *Por que Literatura*, Petrópolis, Vozes, 1969; João Luiz Lafetá, "O Mundo à Revelia", em Graciliano Ramos, *São Bernardo*, 29. ed. Rio de Janeiro, Record, 1978.

8. Graciliano Ramos, *Caetés*, São Paulo, Martins, 1969, p. 238.

9. Antonio Candido, *Ficção e Confissão*, Rio de Janeiro, Editora 34, 1992, p. 80. O estudo foi publicado originalmente em 1956.

10. Valentim Facioli, "Um Homem Bruto da Terra (Biografia Intelectual)", em José Carlos Garbuglio *et al.*, *Graciliano Ramos*, São Paulo, Ática, 1987, p. 105.

11. Alfredo Bosi, "Moderno e Modernista na Literatura Brasileira", *Céu, Inferno: Ensaios de Crítica Literária e Ideológica*, São Paulo, Ática, 1988, p. 123.

12. Candido, *Ficção e Confissão*, p. 69.

13. Graciliano Ramos, *Memórias do Cárcere*, Rio de Janeiro, José Olympio, 1953, vol. 4, p. 38.

14. Graciliano Ramos, *Infância*, Rio de Janeiro, José Olympio, 1953, p. 203.

15. Ramos, *Memórias do Cárcere*, vol. 1, p. 6.

16. *Idem*, p. 110.

17. Álvaro Lins, "Valores e Misérias das *Vidas Secas*", *Os Mortos de Sobrecasaca*, Rio de Janeiro, Civilização Brasileira, 1963, p. 166.

18. Candido, *Ficção e Confissão*, p. 46.

19. Graciliano Ramos, "Discurso de 24 de outubro de 1942". Manuscritos Autógrafos, Discursos, pasta I, Arquivo Graciliano Ramos, Instituto de Estudos Brasileiros, Universidade de São Paulo.

20. Ismail Xavier, *Sertão Mar: Glauber Rocha e a Estética da Fome*, São Paulo, Brasiliense; Brasília, Embrafilme/MEC, 1983, p. 150.

21. Ver, a respeito, Fábio Freixieiro, "O Discurso Indireto Livre em Graciliano Ramos", *Da Razão à Emoção II*, Rio de Janeiro, Tempo Brasileiro, 1971; Rolando Morel Pinto, *Graciliano Ramos, Autor e Ator*, Assis, Faculdade de Filosofia, Ciências e Letras, 1962.

22. Graciliano Ramos, *Cartas*, Rio de Janeiro, Record, 1981, p. 194. Sobre a questão do particular e do universal, de uma perspectiva marxista, ver Carlos Nelson Coutinho, *Literatura e Humanismo*, Rio de Janeiro, Paz e Terra, 1967, pp. 178-179.

23. Graciliano Ramos, "Carta a João Condé", *Vidas Secas*, São Paulo, Eletropaulo, 1988. (Edição fac-similar da 1ª edição do romance.)

24. Antonio Candido, "50 Anos de *Vidas Secas*", *Ficção e Confissão*, Rio de Janeiro, Editora 34, 1992, p. 105.

25. Lúcia Miguel Pereira citada por Candido, "50 Anos de *Vidas Secas*", pp. 106-107.

26. Letícia Malard, *Ideologia e Realidade em Graciliano Ramos*, Belo Horizonte, Itatiaia, 1976, p. 83.

27. Candido e Santiago, "Mesa-redonda", p. 429. Ao datar em 1940 a história no filme *Vidas Secas*, realizado em 1963, Nelson Pereira dos Santos retoma, de outro modo, a questão.

28. Graciliano Ramos, "Carta Manuscrita". Coleção Octavio Dias Leite, Centro de Estudos Literários, Faculdade de Letras, Universidade Federal de Minas Gerais.

29. Ramos, *Vidas Secas*, p. 138.

30. Hanna Arendt, *Da Revolução*, São Paulo, Forense-Universitária, 1989.

31. Alfredo Bosi, "Céu, Inferno", *Céu, Inferno: Ensaios de Crítica Literária e Ideológica*, São Paulo, Ática, 1988, p. 16.

32. Ramos, *Vidas Secas*, p. 71.

33. *Idem*, pp. 69-70.

34. *Idem*, p. 67.

35. *Idem*, p. 72.

36. Rui Mourão, *Estruturas: Ensaio sobre o Romance de Graciliano Ramos*, Rio de Janeiro, Arquivo, INL/MEC, 1971, p. 121.

37. Carvalho, "Brasil, Nações Imaginadas", *Pontos e Bordados: Escritos de História e Política*, Belo Horizonte, Editora UFMG, 1998, p. 248 *et seq*.

38. Ramos, *Infância*, p. 14.

39. Ramos citado por Dênis de Moraes, *O Velho Graça: Uma Biografia de Graciliano Ramos*, Rio de Janeiro, José Olympio, 1992, p. 228.

As Casas Assassinadas

1. Cornélio Penna, *A Menina Morta*, em *Romances Completos*, Rio de Janeiro, Aguilar, 1958, p. 856.

2. Luiz Costa Lima, *A Perversão do Trapezista: O Romance em Cornélio Penna*, Rio de Janeiro, Imago, 1976, p. 97.

3. Penna, *A Menina Morta*, p. 970.

4. Wander Melo Miranda, "*A Menina Morta*: A Insuportável Comédia", dissertação de mestrado, Faculdade de Letras, UFMG, Belo Horizonte, 1979.

5. Penna, *A Menina Morta*, p. 839.

6. *Idem*, p. 957.

7. *Idem*, p. 736.

8. *Idem*, p. 734.

9. *Idem*, p. 781.

10. *Idem*, p. 1020.

11. *Idem*, p. 758.

12. *Idem*, p. 1202.

13. *Idem*, p. 1296.

14. *Idem*, p. 1224.

15. Michel Foucault, *História da Loucura na Idade Clássica*, São Paulo, Perspectiva, 1978.

16. Penna, *A Menina Morta*, p. 1260.

17. Maria Aparecida Santilli, " 'A Menina Morta' de Cornélio Penna: O Nacionalismo e o Intimismo", *África*, Lisboa, n. 1, pp. 77-88, jul. 1980.

18. Lúcio Cardoso, *Crônica da Casa Assassinada*, Rio de Janeiro, Nova Fronteira, 1979, p. 152.

19. *Idem*, p. 407.

20. Georges Bataille, *L'Erotismo*, Milano, Mondadori, 1976, p. 45.

21. Cardoso, *Crônica da Casa Assassinada*, p. 454.

22. *Idem*, p. 455.

23. *Idem*, p. 142.

24. Clarice Lispector, "Brasília", *Visão do Esplendor: Impressões Leves*, Rio de Janeiro, Francisco Alves, 1975, p. 9.

Anatomia da Memória

1. O texto intitula-se "Minas Gerais" e foi publicado na revista *Manchete*, em 24 de agosto de 1957. Republicado em João Guimarães Rossa, *Ave, Palavra*, Rio de Janeiro, José Olympio, 1970, de onde são as citações deste texto.

2. A expressão refere-se ao conhecido conto de Guimarães Rosa, "A Terceira Margem do Rio", publicado em *Primeiras Estórias*.

3. Homi K. Bhabha, "DissemiNation: Time, Narrative, and the Margins of the Modern Nation", *Nation and Narration*, London, Routledge, 1990, p. 305 *et seq.*

4. Pedro Nava, *Baú de Ossos*, 5. ed. Rio de Janeiro, José Olympio, 1978, p. 20.

5. Michel Foucault, *Las Palabras y las Cosas*, México, Siglo XXI, 1972, p. 264.

6. Nava, *Baú de Ossos*, p. 41.

7. *Idem*, p. 40.

8. Antonio Candido, "Pedro Nava, Uma Obra em Prosa Franca", *Estado de Minas*, Belo Horizonte, 21 mar. 1978, 2ª Seção, p. 18.

9. *Idem*, p. 35.

10. Elaine Showalter, *Anarquia Sexual: Sexo e Cultura no Fin de Siècle*, Rio de Janeiro, Rocco, 1993, p. 172 *et seq.*

11. Nava, *Baú de Ossos*, p. 24.

12. *Idem*, p.255.

13. A expressão é das *Ordenações do Reino*, reproduzida em Nava, *Baú de Ossos*, p. 104.

14. *Idem*, p. 103.

15. *Idem*, p. 185.

16. *Idem*, p. 180.

17. *Idem*, pp. 186-187.

18. Marta Campos, *O Desejo e a Morte nas Memórias de Pedro Nava*, Fortaleza, Edições UFC, 1992, p. 77.

19. Silviano Santiago, *Uma História de Família*, Rio de Janeiro, Rocco, 1992, p. 12.

20. *Idem*, p. 20.

21. O uso frequente do adjetivo na narrativa sugere e reforça, desde o início, essa ideia de contaminação.

22. Santiago, *Uma História de Família*, p. 104.

23. Showalter, *Anarquia Sexual*, p. 246 *et seq.*

24. Santiago, *Uma História de Família*, p. 74.

Tons da Nação na MPB

1. F. Alves, "Aquarela do Brasil", *Ary Barroso: O Mais Querido dos Brasileiros*, Curitiba, Revivendo, 1993, 1 CD. Faixa 1.

2. *Idem, ibidem.*

3. *Idem, ibidem.*

4. *Idem, ibidem.*

5. *Idem, ibidem.*

6. *Idem, ibidem.*

7. *Idem, ibidem.*

8. *Idem, ibidem.*

9. *Idem, ibidem.*

10. *Idem, ibidem.*

11. *Idem, ibidem.*

12. J. Gilberto, "Aquarela do Brasil", *Brasil – João Gilberto, Caetano Veloso e Gilberto Gil*, São Paulo, WEA, 1981, 1 CD. Faixa 1.

13. E. Regina e T. Thielmans, "Aquarela do Brasil/Nega do Cabelo Duro",

Aquarela do Brasil – Elis Regina e Toots Thielmans, Rio de Janeiro, Philips, 1969, 1 CD. Faixa 2.

14. *Idem, ibidem.*

15. *Idem, ibidem.*

16. E. Regina, "Aquarela do Brasil", *Saudade do Brasil*, São Paulo, WEA, 1980, 1 CD. Faixa 18.

17. *Idem, ibidem.*

18. C. Buarque, "Bye, Bye, Brasil", *Vida*, Rio de Janeiro, Polygram, 1980, 1 CD. Faixa 11.

19. Cazuza, "Brasil", *Ideologia*, Rio de Janeiro, Polygram, 1988, 1 CD. Faixa 6.

20. M. Nascimento, "Notícias do Brasil (Os Pássaros Trazem)", *Caçador de Mim*, São Paulo, Ariola, 1983, 1 CD. Faixa 4.

21. Gilberto Gil, "Geleia Geral", *Tropicália ou Panis et circenses*, Rio de Janeiro, Philips, 1968, 1 CD. Faixa 6.

22. *Idem, ibidem.*

23. Titãs, "Lugar Nenhum", *Jesus Não Tem Dentes no País dos Banguelas*, São Paulo, WEA, 1987, 1 CD. Faixa 4.

24. C. Buarque, "C. Brejo da Cruz", *Chico Buarque*, Rio de Janeiro, Philips, 1984, 1 CD. Faixa 2.

25. *Idem, ibidem.*

26. Cazuza, "Brasil".

27. G. Gil, "Marginália II", *Gilberto Gil*, Rio de Janeiro, Philips, 1968, 1 CD. Faixa 4.

28. C. Veloso, "Fora de Ordem", *Circuladô*, Rio de Janeiro, Polygram, 1991, 1 CD. Faixa 1.

29. Gil, "Marginália II".

30. *Idem, ibidem.*

31. *Idem, ibidem.*

32. Gabriel, O Pensador, "Pátria que me Pariu", *Quebra-Cabeça*, Rio de Janeiro, Chaos/Sony Music, 1997, 1 CD. Faixa 1.

33. *Idem, ibidem.*

34. Veloso, "Fora da Ordem".

35. *Idem, ibidem.*

Pós-Modernidade e Tradição Cultural

1. José Joaquín Brunner, "América Latina en la Encrucijada de la Modernidad", em Dirce C. Riedel, *América: Descoberta ou Invenção*, Rio de Janeiro, Imago, 1992.

NAÇÕES LITERÁRIAS

2. *Idem*, p. 26.

3. Antoine Compagnon, *Les Cinq Paradoxes de la Modernité*, Paris, Seuil, 1990, p. 146 *et seq*.

4. Jean-François Lyotard, "Réecrire la Modernité", *Les Cahiers de Philosophie*, Lille, n. 5, pp. 193-203, 1988.

5. Gianni Vattimo, *La Società Trasparente*, Milano, Garzanti, 1989, p. 57.

6. *Idem*, p. 59.

7. Italo Calvino, *Palomar*, Torino, Einaudi, 1983, pp. 98-99.

8. Vattimo, *La Società Trasparente*.

9. Gianni, Vattimo, *La Fine della Modernità*, Milano, Garzanti, 1985, p. 170.

10. Beatriz Sarlo, *Escenas de la Vida Posmoderna*, Buenos Aires, Ariel, 1994, p. 62 *et seq*.

11. Angel Rama, *La Ciudad Letrada*, Hanover, Ediciones del Norte, 1984.

12. Silviano Santiago, *Nas Malhas da Letra*, São Paulo, Companhia das Letras, 1989, p. 93.

13. João Guimarães Rosa, *Grande Sertão: Veredas*, 6. ed. Rio de Janeiro, José Olympio, 1968, p. 9.

14. Heloisa M. Murgel Starling, *Projeto de Tese*, texto mimeo., p. 44.

15. Brunner, "América Latina en la Encrucijada de la Modernidad", p. 30 *et seq*.

Fronteiras Literárias

1. Italo Moricani Jr., "Em Busca do Autor", *Verve*, Rio de Janeiro, n. 10, p. 17, 1988.

2. Zulmira Ribeiro Tavares, *O Nome do Bispo*, São Paulo, Brasiliense, 1985, p. 7.

Ficção Virtual

1. Gustav R. Hocke, *Maneirismo: O Mundo como Labirinto*, trad. Clemente R. Mahl. São Paulo, Perspectiva, 1986, p. 199.

2. Ricardo Piglia, *A Cidade Ausente*, trad. Sérgio Molina. São Paulo, Iluminuras, 1993, p. 36.

3. *Idem*, p. 97.

4. A expressão é de Fausto Colombo, *Os Arquivos Imperfeitos*, São Paulo, Perspectiva, 1991.

5. *Idem*, p. 36.

6. Pierre Lévy, *As Tecnologias da Inteligência*, Rio de Janeiro, Editora 34, 1993, p. 33. Como informa ainda o autor, o termo foi inventado por Theodore Nelson,

no início dos anos 1960, "para exprimir a ideia de escrita/leitura não linear em um sistema de informática".

7. *Idem*, p. 41.

8. Italo Calvino, *Lezioni Americane*, Milano, Garzanti, 1988, p. 9.

9. Ricardo Piglia, *Crítica y Ficción*, Santa Fe, Universidad Nacional del Litoral, 1986, p. 75.

10. Piglia, *A Cidade Ausente*, pp. 39-40.

11. Na tradução de Augusto e Haroldo de Campos, no *Panorama do Finnegans Wake* (São Paulo, Perspectiva, 1971, p. 35).

12. Piglia, *A Cidade Ausente*, p. 115.

13. Beatriz Sarlo, *Escenas de la vida Posmoderna*, Buenos Aires, Ariel, 1994, p. 62 *et seq.*

14. Piglia, *A Cidade Ausente*, p. 15.

15. Donna Haraway, "Um Manifesto para os *Cyborgs*: Ciência, Tecnologia e Feminismo Socialista na Década de 1980" (em Heloisa B. Hollanda, *Tendências e Impasses: O Feminismo como Crítica da Cultura*, Rio de Janeiro, Rocco, 1994), em cujas observações me baseio.

16. Piglia, *A Cidade Ausente*, p. 59.

17. Haraway, "Um Manifesto para os *Cyborgs*...", p. 245.

18. *Idem*, p. 247.

19. Piglia, *A Cidade Ausente*, p. 45.

20. *Idem*, p. 44.

21. *Idem*, p. 97.

22. *Idem*, p. 114.

23. *Idem*, p. 117.

24. *Idem*, p. 127 e p. 137, respectivamente. Na tradução do *Ulysses*, de Antonio Houaiss, lê-se: "[...] sim o coração dele batia como louco e sim eu disse sim eu quero Sims". (Rio de Janeiro, Civilização Brasileira, 1975, p. 846.)

25. Haraway, "Um Manifesto para os *Cyborgs*...", p. 262.

A Liberdade do Pastiche

1. John Barth, "La letteratura dell'esaurimento", em Peter Caravatta e P. Spedicato (orgs.), *Postmoderno e Letteratura: Percosi e Visioni della Critica in America*, Milano, Bompiani, 1984.

2. Silviano Santiago, "Littérature: morts les parents sages et autoritaires", *Le Monde Diplomatique*, Paris, août 1983.

NAÇÕES LITERÁRIAS

3. Italo Calvino, *Se una Notte d'Inverno un Viaggiatore*, Torino, Einaudi, 1979, p. 92.

4. *Idem*, p. 115.

5. *Idem*, p. 171.

6. *Idem*, p. 176.

7. Silviano Santiago, *Em Liberdade*, Rio de Janeiro, Paz e Terra, 1981, p. 224.

8. *Idem*, p. 12.

9. Ricardo Piglia, *Nombre Falso*, Buenos Aires, Siglo Veintuno, 1975, p. 101.

10. Calvino, *Se una Notte d'Inverno un Viaggiatore*, p. 128.

11. Aden Hayes, "La Revolución y el Prostíbulo: *Luba* de Roberto Arlt", *Ideologies & Literature*, Minnesota, II (1), pp. 141-147, Spring, 1987.

A Memória de Borges

1. Jorge Luis Borges, "Funes el Memorioso", *Ficciones*, 11. ed. Madrid, Alianza, 1982, p. 123. Todas as citações do conto são dessa edição.

2. Ricardo Piglia, "Teses sobre o Conto", *O Laboratório do Escritor*, São Paulo, Iluminuras, 1994, p. 37.

3. Jorge Luis Borges, "Posesión del Ayer", *Los Conjurados*, Madrid, Alianza, 1985, p. 63.

4. A expressão é de Carlos Sussekind, *Que Pensam Vocês que Ele Fez*, São Paulo, Companhia das Letras, 1994, p. 144.

5. Jorge Luis Borges, *El hacedor*, Madrid, Alianza, 1991, p. 143.

6. Não custa lembrar que "Funes el Memorioso" é o conto de abertura de *Artifícios*, publicado inicialmente em 1944 e depois como parte do volume *Ficciones*. A relação de ambos os títulos com a questão aqui acenada dispensa comentários.

7. Ricardo Piglia, *La Argentina en Pedazos*, Buenos Aires, Ediciones de la Urraca, 1994, pp. 102-103.

8. Raul Antelo, "A Comparação Elidida: A Memória de Brodie", *Revista Brasileira de Literatura Comparada*, São Paulo, n. 2, p. 185, maio 1994.

9. Jorge Luis Borges, *História Universal da Infâmia*, Rio de Janeiro, Globo, 1993, p. 15.

10. Roland Barthes e Antoine Compagnon *apud* Fausto Colombo, *Os Arquivos Imperfeitos*, São Paulo, Perspectiva, 1991, p. 39.

Memória: Modos de Usar

1. Silviano Santiago, *O Olhar*, Belo Horizonte, Tendência, 1974, pp. 14-15.

2. Silviano Santiago, *O Falso Mentiroso: Memórias*, Rio de Janeiro, Rocco, 2004, p. 16.

3. *Idem*, p. 19.

4. Silviano Santiago, *O Banquete*, Rio de Janeiro, Saga, 1970, p. 36.

5. Silviano Santiago, *Stella Manhattan*, Rio de Janeiro, Nova Fronteira, 1985, p. 7.

6. Silviano Santiago, *Vale Quanto Pesa: Ensaios sobre Questões Político-Culturais*, Rio de Janeiro, Paz e Terra, 1982, p. 39.

7. Silviano Santiago, *Histórias Mal Contadas*, Rio de Janeiro, Rocco, 2005, p. 26.

8. *Idem*, p. 157.

9. Silviano Santiago, *Em Liberdade*, Rio de Janeiro, Rocco, 1981, p. 52.

10. André Gide, *Os Frutos da Terra Seguido de Os Novos Frutos*, trad. Sérgio Milliet. Rio de Janeiro, Nova Fronteira, 1982, p. 17.

11. Silviano Santiago, *Viagem ao México*, Rio de Janeiro, Rocco, 1995, p. 20.

12. Santiago, *O Banquete*, p. 113.

13. Santiago, *Em Liberdade*, p. 117.

14. Santiago, *Histórias Mal Contadas*, p. 122.

15. Santiago, *Stella Manhattan*, p. 77.

16. *Idem*, p. 68.

17. *Idem*, p. 77.

Ficção-Passaporte para o Século XXI

1. Fernando Bonassi, *Passaporte*, São Paulo, Cosac & Naify, 2001.

2. Homi K. Bhabha, *O Local da Cultura*, trad. Myriam Ávila, Eliana L. Reis, Gláucia R. Gonçalves. Belo Horizonte, Editora UFMG, 1998, pp. 129-130.

3. *Idem*, p. 130.

4. Bonassi, *Passaporte*, p. 89.

5. Embora fique evidente a consciência de que "a escrita talvez não possa dar verdadeiramente voz à desolação absoluta, ao nada da vida, àqueles momentos nos quais ela é somente vazio, privação, horror. Mas só o fato de escrever sobre eles preenche de alguma forma o vazio, lhe dá forma, torna comunicável o horror e assim, ainda que um pouco, triunfa sobre ele". Claudio Magris, *Danubio*, Milano, Garzanti, 1990, pp. 137-138.

NAÇÕES LITERÁRIAS

Local/Global

1. Renato Ortiz, "Anotações sobre a Mundialização e Questão Nacional", *Sociedade e Estado*, Brasília, vol. xi, n. 1, p. 47, jan.-jun. 1996.

2. Silviano Santiago, *Crescendo Durante a Guerra numa Província Ultramarina*, Rio de Janeiro, Francisco Alves, 1978, p. 88. O poema é uma sorte de suplemento do "escapulário" oswaldiano: "No Pão de Açúcar/ De Cada Dia/ Dai-nos Senhor/ A poesia/ De Cada Dia". (Oswald de Andrade, *Poesias Reunidas*, Rio de Janeiro, Civilização Brasileira, 1972, p. 13.)

3. Mike Featherstone, "Localismo, Globalismo e Identidade Cultural", *Sociedade e Estado*, Brasília, vol. xi, n. 1, p. 26, jan.-jun. 1996.

4. *Idem*, p. 27.

5. *Idem*, p. 28.

6. Devo essas informações a Rui Cezar Santos.

7. Arjun Appadurai, *Modernity at Large*, Minneapolis, University of Minnesota Press, 1996, p. 29.

8. *Idem*, p. 10.

9. Carlos Heitor Cony, *Lagoa: História, Morfologia e Sintaxe*, Rio de Janeiro, Relume-Dumará, 1996, pp. 9-10. Agradeço a Thaïs Drummond pela indicação do livro.

Não Mais, Ainda

1. Jean Baudrillard, *América*, trad. Alvaro Cabral. Rio de Janeiro, Rocco, 1986, p. 24.

2. *Idem*, p. 10.

3. *Idem, ibidem*.

4. *Idem*, p. 14.

5. *Idem*, p. 7.

6. *Idem*, p. 59.

7. *Idem*, p. 26.

8. *Idem*, p. 10.

9. *Idem*, p. 63.

10. *Idem*, p. 106.

11. João Gilberto Noll, *Bandoleiros*, Rio de Janeiro, Nova Fronteira, 1985, p. 92.

12. *Idem*, p. 40.

13. A expressão é de Nelson Brissac Peixoto, *Cenários em Ruínas*, São Paulo, Brasiliense, 1987.

WANDER MELO MIRANDA

14. Noll, *Bandoleiros*, pp. 149-150.

15. *Idem*, p. 46.

16. *Idem*, p. 133.

A Forma Vazia

1. Paulo Herkenhoff, "Rennó ou a Beleza e o Dulçor do Presente", em Rosângela Rennó, *Rosângela Rennó*, São Paulo, Edusp, 1998, p. 171 *et seq*.

2. Michel Foucault, *A Arqueologia do Saber*, trad. Luiz F. B. Neves. Petrópolis, Vozes, 1972, p. 161.

3. *Idem*, p. 163.

4. Ackbar Abbas, "Building on Disappearence: Hong Kong Architectural and Colonial Space", em Simon During (ed.), *The Cultural Studies Reader*, 2. ed. London, New York, Routledge, 1999, p. 149.

5. Roberto González Echevarría, *Mith and Archive: A Theory of Latin America Narrative*, Durham, Duke UP, 1998. p. 180.

6. Roberto Schwarz, "Pelo Prisma da Arquitetura", *Sequências Brasileiras*, São Paulo, Companhia das Letras, 1999, p. 200.

7. Herkenhoff, "Rennó ou a Beleza e o Dulçor do Presente", p. 172.

8. Walter Benjamin, "Sulla facoltà mimética", *Angelus Novus*, Torino, Einaudi, 1982, p. 74.

9. Maria Alice Rezende de Carvalho, "Violência no Rio de Janeiro: Uma Reflexão Política", em Carlos Alberto Messeder Pereira *et al.*, *Linguagens da Violência*, Rio de Janeiro, Rocco, 2000, p. 55.

10. Paulo Lins, *Cidade de Deus*, São Paulo, Companhia das Letras, 1997, pp. 81-82.

11. A observação é de Zuenir Ventura sobre a favela do Vigário Geral, no Rio de Janeiro em *Cidade Partida*, São Paulo, Companhia das Letras, 1994, p. 12.

12. Lins, *Cidade de Deus*, p. 17.

13. Alba Zaluar, *Condomínio do Diabo*, Rio de Janeiro, Revan/Ed. UFRJ, 1994.

14. Nas "Notas e Agradecimentos" no final do livro, o autor explicita essa opção – "Este romance se baseia em fatos reais" (p. 549) – ao mesmo tempo que indica os passos principais da pesquisa realizada para sua execução.

15. Roland Barthes, *A Câmara Clara: Nota sobre a Fotografia*, trad. J. C. Guimarães. Rio de Janeiro, Nova Fronteira, 1984, p. 14 *et seq*.

16. Rosângela Rennó Gomes, *Cicatriz*, tese (doutorado em Comunicação e Artes) – Escola de Comunicação e Artes, Universidade de São Paulo, São Paulo, 1997, p. 23.

17. Refiro-me ao instigante texto de Roberto Schwarz, "Cidade de Deus", em

Sequências Brasileiras (pp. 163-171). Sobre a recepção do livro, ver Lucia Artacho Penna, "A Bala e a Fala", *Cult*, São Paulo, pp. 27-29, jan. 1998.

18. Ventura, *Cidade Partida*, p. 142.

19. Lins, *Cidade de Deus*, p. 23.

20. *Idem, ibidem.*

21. Schwarz, "Pelo Prisma da Arquitetura", p. 167.

22. Zaluar, *Cidade Partida*, p. 213.

23. Sobre tempo e imagem, ver Eduardo Cavada, *Words of Light: Thesis on the Photography of History*, Princeton, Princeton UP, 1997, p. xxiv *et seq.*

24. Diz-se que há *pentimento* quando sob a superfície de uma pintura realizada pode-se perceber os rastros de uma composição anterior, diversa da apresentada como resultado final.

25. Maria Angélica Melendi, "Arquivos do Mal/Mal de Arquivo", p. 4 (inédito).

26. Cavada, *Words of Light*, p. xxvii.

27. Melendi, "Arquivos do Mal/Mal de Arquivo", p. 12.

28. Gomes, *Cicatriz*, p. 22.

29. Baseio-me aqui na análise que Alberto Moreiras faz do relato "Apocalipsis de Solentiname", de Julio Cortázar. Cf. Alberto Moreiras, *Tercer Espacio: Literatura y Duelo en América Latina*. Santiago, LOM/Arcis, 1999, p. 355 *et seq.*

Latino-Americanismos

1. Alberto Moreiras, *A Exaustão da Diferença: A Políticas dos Estudos Culturais Latino-Americanos*, trad. Eliana L. Lima e Gláucia R. Gonçalves. Belo Horizonte, Editora UFMG, 2001. As citações são dessa edição.

2. Homi K. Bhabha, *O Local da Cultura*, trad. Myriam Ávila; Eliana Lourenço de Lima Reis e Gláucia Renate Gonçalves. Belo Horizonte, Editora UFMG, 1998.

3. Antonio Cornejo Polar, *O Condor Voa: Literatura e Cultura Latino-Americanas*, org. Mario J. Valdés, trad. Ilka Valle de Carvalho Belo Horizonte, Editora UFMG, 2000.

4. Walter D. Mignolo, *Histórias Locais/Projetos Globais: Colonialidade, Saberes Subalternos e Pensamento Liminar*, trad. Solange Oliveira. Belo Horizonte, Editora UFMG, 2003.

5. Ricardo Piglia, "Una Propuesta para el Nuevo Milenio", *Margens/Márgenes*, Belo Horizonte, Mar del Plata, Buenos Aires, n. 2, out. 2001, p. 3. Ao traduzir "je est un autre" por "yo soy un otro", R. Piglia opera um deslocamento significativo na expressão original.

Título	Nações Literárias
Autor	Wander Melo Miranda
Editor	Plinio Martins Filho
Produção editorial	Aline Sato
Capa	Carlos Clémen
Editoração eletrônica	Adriana Garcia
Formato	14 x 21 cm
Tipologia	Palatino Linotype
Papel	Cartão Supremo 250 g/m^2 (capa)
	Polén Soft 80 g/m^2 (miolo)
Número de páginas	224
Impressão e acabamento	Gráfica Vida e Consciência